本书受2019年北京高校思想政治工作研究重点课题"新时代北京高校青年教师主流意识形态认同情况调查研究"（BJSZ2019ZD10）资助

网络"微"时代
我国高校学生思想引领研究

WANGLUO "WEI" SHIDAI
WOGUO GAOXIAO XUESHENG SIXIANG YINLING YANJIU

冷文勇 ◎ 著

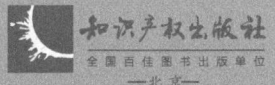

图书在版编目（CIP）数据

网络"微"时代我国高校学生思想引领研究/冷文勇著. —北京：知识产权出版社，2023.1
ISBN 978 – 7 – 5130 – 8549 – 6

Ⅰ.①网… Ⅱ.①冷… Ⅲ.①大学生—思想政治教育—研究—中国 Ⅳ.①G641

中国版本图书馆CIP数据核字（2022）第253762号

责任编辑：贺小霞	责任校对：潘凤越
封面设计：刘 伟	责任印制：孙婷婷

网络"微"时代我国高校学生思想引领研究
冷文勇 著

出版发行：	知识产权出版社有限责任公司	网 址：	http://www.ipph.cn
社 址：	北京市海淀区气象路50号院	邮 编：	100081
责编电话：	010-82000860 转 8129	责编邮箱：	2006HeXiaoXia@sina.com
发行电话：	010-82000860 转 8101/8102	发行传真：	010-82000893/82005070/82000270
印 刷：	北京建宏印刷有限公司	经 销：	新华书店、各大网上书店及相关专业书店
开 本：	720mm×1000mm 1/16	印 张：	9.5
版 次：	2023年1月第1版	印 次：	2023年1月第1次印刷
字 数：	150千字	定 价：	68.00元

ISBN 978 – 7 – 5130 – 8549 – 6

出版权专有 侵权必究
如有印装质量问题，本社负责调换。

序

习近平总书记指出，意识形态工作是党的一项极端重要的工作。意识形态有着统一思想、凝聚人心、汇聚力量的强大作用。历史和现实反复证明，能否做好意识形态工作，事关举什么旗帜走什么路，事关以什么样的精神状态实现历史使命和奋斗目标，事关我们党的执政安全和国家的长治久安。站在新的历史起点上，只有坚定不移做好意识形态工作，牢牢把握党对意识形态工作的领导权、管理权和话语权，才能确保红色江山永不变色。

高校学生是青年群体中的中坚力量，是中国梦的筑梦人。在高校学生的诸多素质中，思想政治素质是最重要的素质，高度认同社会主义意识形态是党和国家对青年学生的最根本要求。作为各种思想文化交流、交融和交锋的前沿阵地，作为各种中外社会思潮集散、论辩和斗争的主要战场，同时作为培养党和人民事业合格接班人的重要场域，高校在意识形态工作中扮演着非常重要的角色。立德树人是高校的根本使命，思想政治引领是高校的定盘星，如何切实加强高校学生思想引领，能否巩固高校学生意识形态认同安全，不但事关平安校园建设，事关青年学生的健康成长，更事关解决好培养什么人、怎样培养人、为谁培养人的根本问题。

党的十八大以来，我国高校意识形态形势发生了根本改观，党始终牢牢把握对高校意识形态工作的领导权、管理权和话语权，但在新时代背景下，世界面临百年未有之大变局，我国意识形态领域形势依然错综复杂，青年学生成长环境日益复杂化，高校意识形态领域的风险依然存在，高校意识形态工作必须因势而谋、应势而动、顺势而为。

当前，随着微信、微博、抖音等微媒体的迅速普及运用，我国进入了网络"微"时代。高校学生是使用微媒体的主要群体之一，网络微媒体给高校学生意识形态工作带来了前所未有的机遇和挑战：一方面，网络微媒体凭借便捷性、生动性等特性给高校学生意识形态认同安全带来了诸多机遇；另一方面，网络微媒体也凭借裂变性、碎片化等特性给高校学生意识形态认同安全带来了诸多挑战，对高校学生的政治立场、价值选择、思维模式、行为模式产生了重要影响。

因此，结合网络"微"时代的特点，加强对高校学生主流意识形态认同的研究，不断提升高校学生意识形态工作的针对性、实效性和吸引力，已经成为摆在高校面前的一项重要而紧迫的政治任务。从这个意义上说，冷文勇博士的新著是一本非常应景的好书，有较强的前沿性和创新性，仔细翻阅之后，感觉此书有以下几个特点：

首先，选题较好。最近十余年来，我注意到市场上关于意识形态、意识形态安全的专著很多，但存在选题雷同问题，本书从高校学生意识形态认同角度研究高校学生思想引领问题，并从互联网"微"发展趋势角度聚焦高校学生意识形态认同安全问题，其本质是从一个新的、细小的角度探讨高校意识形态安全问题。由于"微"是互联网发展的最新趋势，高校学生主流意识形态认同安全已成为当前全社会普遍高度关注的理论热点问题，因此，本书选题有较强的前瞻性、时代感。

其次，创新性较强。本书观点、内容方面有一定创新：一是提出了"高校学生意识形态认同安全"的新概念："高校学生意识形态认同安全指我国高校学生普遍高度认可、赞同、拥护和支持我国主流意识形态，并且我国主流意识形态特别是社会主义核心价值观在高校学生中的主导地位保持稳固，不发生安全事故，不受威胁动摇并经得住各种考验的状态。"为高校学生意识形态工作的相关科研人员、教师提供了一个进一步探讨的对象或靶子。二是本书创新性地提出了高校学生意识形态认同判定标准和网络微媒体影响高校学生意识形态认同安全的五个具体途径，这不但有利于深化人们对网络"微"时代我国高校意识形态安全面临挑战的认识，也为提出规避互联网对我国意识形态安全的负面影响的对策提供了理论借鉴和经验参考。

再次，史料价值较高。本书在借鉴中华人民共和国成立以来我国高校学生意识形态教育工作历史经验与教训的基础上，以新中国历史为发展脉络，梳理我国高校学生意识形态工作发展历程，尤其是关于党的十八大以来我国高校意识形态工作的总结很全面、很具体，得出了五个方面的启示，概括得很好。

最后，我期待冷文勇博士的专著能产生良好的社会反响，也期待冷文勇博士今后能在意识形态研究方面产生更多、更高水平的理论成果。

谨以此为序！

2022 年 8 月于中国社会科学院

目 录

绪论 高校学生意识形态认同安全极端重要 ……… 1
  一、高校意识形态安全问题越来越受到党和国家的高度重视 …… 2
  二、正视高校学生意识形态认同存在的问题 ………………… 3
  三、网络微媒体给高校学生意识形态认同带来了一定的负面影响 …… 5

第一章 高校学生意识形态认同安全相关理论 ……… 7
  第一节 意识形态的解析 ……………………………………… 7
    一、意识形态的概念 ……………………………………… 8
    二、意识形态的特点 ……………………………………… 10
    三、意识形态的分类 ……………………………………… 11
  第二节 高校学生意识形态认同安全的解析 ………………… 14
    一、认同的内涵 …………………………………………… 14
    二、高校学生意识形态认同安全的界定 ………………… 15
    三、高校学生意识形态认同安全的内容 ………………… 18
    四、高校学生意识形态认同的评判标准 ………………… 27
    五、高校学生意识形态认同的形成机制 ………………… 29
  第三节 意识形态认同安全的相关理论梳理 ………………… 33
    一、意识形态相关理论 …………………………………… 33
    二、认同相关理论 ………………………………………… 40

第二章 新中国成立以来我国高校学生意识形态教育工作历史回顾 …… 43
  第一节 新中国成立以来我国高校学生意识形态教育工作历史 …… 43

  一、探索起步阶段（1949—1956） …………………………… 44
  二、曲折发展阶段（1957—1965） …………………………… 46
  三、遭遇重大挫折阶段（1966—1976） ……………………… 47
  四、反思改进阶段（1977—1989） …………………………… 48
  五、全面发展阶段（1990—2011） …………………………… 51
  六、巩固完善阶段（2012年至今） …………………………… 53
 第二节 新中国成立以来我国高校学生意识形态教育工作的启示 … 59
  一、始终坚持以马克思主义引领高校学生意识形态工作 ……… 59
  二、确保党始终掌握对高校学生意识形态工作的绝对领导权 … 60
  三、坚持求真务实开展高校学生意识形态教育工作 …………… 61
  四、坚持与时俱进创新高校学生意识形态教育工作方法 ……… 61
  五、不断优化高校意识形态工作队伍建设 ……………………… 62

第三章 网络"微"时代我国主流意识形态信息传播特点 ……… 63
 第一节 网络"微"时代的解析 ………………………………… 63
  一、网络"微"时代的内涵 ……………………………………… 63
  二、网络"微"时代的特点 ……………………………………… 64
  三、网络微媒体的主要表现形式 ………………………………… 67
 第二节 网络"微"时代我国主流意识形态信息传播特点 ……… 71
  一、信号与噪声共存 ……………………………………………… 72
  二、虚拟与现实并显 ……………………………………………… 72
  三、自由与责任并存 ……………………………………………… 72
  四、单向与互动并行 ……………………………………………… 73
  五、传播碎片化与立体化同显 …………………………………… 73

第四章 网络"微"时代我国高校学生意识形态认同的时代境遇 … 75
 第一节 网络微媒体给我国高校学生意识形态认同安全
    带来的机遇 ……………………………………………… 75
  一、开辟了主流意识形态在高校学生中传播的新通道 ………… 76
  二、有利于增强主流意识形态对高校学生的吸引力 …………… 77

三、为高校学生参与主流意识形态建设提供便利 …………… 77
四、有利于主流意识形态赢得高校舆论论争主导权 ………… 78
五、有助于丰富我国主流意识形态话语体系 …………………… 79
六、有利于消减西方意识形态话语在高校的影响 …………… 79

第二节 网络微媒体给我国高校学生意识形态认同安全
带来的挑战 ……………………………………………………… 80
一、加大了党对高校意识形态的管控难度 ………………………… 81
二、削弱意识形态工作者在高校学生心中的权威 …………… 81
三、加剧西方意识形态对主流意识形态的侵扰 ………………… 82
四、成为境外反动势力进行校园宗教渗透的重要渠道 ……… 83
五、影响高校学生对主流意识形态话语的认同 ………………… 84
六、削弱了高校学生对主流意识形态认同 ……………………… 85
七、挑战主流意识形态在高校学生中的传统传播模式 ……… 85

第三节 网络微媒体影响高校学生意识形态认同的主要途径 …… 86
一、通过提供负面信息分散高校学生对主流意识形态的关注 …… 87
二、通过传播负面言论损害意识形态工作主体的权威 ……… 88
三、通过隐秘方式侵扰高校学生对主流意识形态的认知 …… 89
四、通过汇聚"组织化"网络敌对力量拉拢高校学生 ………… 90
五、通过提供议题吸引高校学生参与意识形态论争 ………… 91

第五章 巩固网络"微"时代我国高校学生意识形态认同安全的对策 …………………………………………………………… 93

第一节 把握工作原则，遵循工作规律 ………………………… 94
一、坚持握牢意识形态工作领导权与借鉴经验相结合 ……… 94
二、坚持内容为本与形式创新相统一 …………………………… 95
三、坚持网上工作与网下工作相统一 …………………………… 96
四、坚持理论灌输与实践活动相结合 …………………………… 96

第二节 确定工作目标，明确努力方向 ………………………… 97
一、实现党对网络"微"时代高校学生意识形态工作领导权
安全 …………………………………………………………… 98

二、实现党对网络"微"时代高校学生意识形态工作管理权安全 ………………………………………………… 100

三、实现党对网络"微"时代高校学生意识形态工作话语权安全 ………………………………………………… 101

第三节 优化工作主体，提升化解风险能力 ……………… 102
一、加强高校思政课教师队伍建设 …………………… 103
二、加强高校辅导员队伍建设 ………………………… 105
三、加强高校网络评论员队伍建设 …………………… 106

第四节 丰富工作渠道，发挥微媒体作用 ………………… 107
一、加强思政课微课开发运用 ………………………… 108
二、积极打造高校官方微信品牌 ……………………… 110
三、加强高校官方微博建设 …………………………… 112
四、妥善开展校园微公益活动 ………………………… 114

第五节 优化工作环境，强化监管引导 …………………… 115
一、完善网络微媒体信息查处制度 …………………… 116
二、加强立法执法工作 ………………………………… 117
三、引导学生参与主流意识形态建设 ………………… 118
四、加强高校学生理论社团建设 ……………………… 120

第六节 创新工作方法，打造"微"话语体系 …………… 122
一、选用适合高校学生的微话语 ……………………… 122
二、采用适合高校学生的话语方式 …………………… 124

参考文献 ………………………………………………………… 127

后　记 ………………………………………………………… 141

绪论　高校学生意识形态认同安全极端重要

　　青年学生是祖国和民族的希望，是中国梦的逐梦人，具备较强的综合素质是党和国家对他们提出的基本要求，而在青年学生的综合素质中，思想素质是灵魂，位于各种素质之首，对其他各种素质起主导作用，青年学生的思想素质主要包括理想信念、政治倾向、思想观念等，是青年学生政治观、人生观、价值观、道德观的综合体现。不断提升青年学生的思想素质，对培养21世纪高素质人才起着引导和保证作用，是应对国际挑战的紧迫需要，更是确保党和国家事业后继有人的需要。对照意识形态的内容不难发现，社会主义主流意识形态认同是思想素质的主要内容，据此，本书从意识形态认同的角度探讨高校学生的思想引领问题。

　　青年学生正处于人生的"拔节孕穗期"，正处于世界观、人生观、价值观的打底塑形阶段，高度认同并积极践行社会主义意识形态，是党和国家对青年学生最根本的素质要求。青年学生是否坚定马克思主义信仰，是否树立共产主义远大理想，是否有高度的政党认同，这些不但关系到青年学生的未来，更关系到党的执政安全和国家的长治久安。当前，随着全球化进程的不断加速和我国新一轮改革的不断深入，网络微媒体不断更新换代，高校学生意识形态认同安全问题变得越来越重要，也越来越紧迫，已成为我国全社会高度关注的理论和现实问题。

一、高校意识形态安全问题越来越受到党和国家的高度重视

进入 21 世纪以来尤其是党的十八大以来,面对意识形态领域日益纷繁复杂的国际国内形势,党和国家越来越重视意识形态工作,党的十八大报告提出,牢牢掌握意识形态工作领导权和主导权,坚持正确导向,提高引导能力,壮大主流思想舆论。❶ 党的十九大报告指出,牢牢掌握意识形态工作领导权。❷ 自党的十八大以来,习近平总书记先后主持召开了高校思想政治工作会议(2015)、哲学社会科学工作座谈会(2016)、全国网络安全和信息化工作会议(2018)、全国宣传思想工作会议(2018)、全国教育大会(2018)、学校思想政治理论课教师座谈会(2019)、教育文化卫生体育领域专家代表座谈会(2020)等与意识形态有关的会议,习近平总书记曾指出,意识形态工作是党的一项极端重要的工作。❸ 2018年,习近平总书记在全国网络安全和信息化工作会议上指出:"我们必须敏锐抓住信息化发展的历史机遇,加强网上正面宣传,维护网络安全。"❹ 这些论断深刻阐明了意识形态工作的作用,科学确定了意识形态工作的定位,指明了意识形态工作"为什么"的重大问题。

高校作为国内外各种思想观点交流、交融、交锋的桥头堡,一直是我国社会主义主流意识形态建设的主阵地、主战场。随着时代环境的变化,高校学生意识形态工作变得越来越重要,也越来越紧迫,越来越受到党和国家的高度重视。2014 年 12 月,习近平总书记做出指示:"把培育和践行社会主义核心价值观融入教书育人全过程;强化思想引领,牢

---

❶ 胡锦涛. 坚定不移沿着中国特色社会主义道路前进 为全面建成小康社会而奋斗 [M]. 北京:人民出版社,2012:32.

❷ 习近平. 决胜全面建成小康社会 夺取新时代中国特色社会主义伟大胜利 [M]. 北京:人民出版社,2017:41.

❸ 中共中央宣传部. 习近平总书记系列重要讲话读本(2016 版)[M]. 北京:学习出版社,人民出版社,2016:192.

❹ 习近平. 敏锐抓住信息化发展历史机遇 自主创新推进网络强国建设 [EB/OL]. (2018-04-21) [2022-04-25]. 中国共产党新闻网 – http://www.cpcnews.cn.

牢牢把握高校意识形态工作领导权……"❶ 2018年9月10日，习近平总书记在全国教育大会上强调："加强党对教育工作的全面领导，是办好教育的根本保证。"❷ 2020年9月9日，习近平总书记在向全国广大教师和教育工作者的慰问信中写道："希望广大教师不忘立德树人初心，牢记为党育人、为国育才使命。"❸ 2021年3月6日，习近平总书记在看望参加全国政协十三届四次会议的医药卫生界教育界委员时强调："教育是国之大计、党之大计。要从党和国家事业发展全局的高度，坚守为党育人、为国育才，把立德树人融入思想道德教育、文化知识教育、社会实践教育各环节。"❹ 习近平总书记的上述重要论述，既科学定位了新时代高校学生意识形态工作，更为后者指明了前进方向、提供了根本遵循。

二、正视高校学生意识形态认同存在的问题

随着全球化的不断加速、社会的急剧转型、互联网的迅速普及，再加上高校思想政治教育工作某些方面的不到位，使得当前我国高校部分学生意识形态认同安全方面存在一些问题，少数高校学生的"四个自信"有待于增强，具体来说，体现在以下四个方面：

一是少数高校学生理想信念缺失。理想信念认同是意识形态认同的核心问题。有调查显示，少数高校学生不能正确看待马克思主义的地位和发展前景，比如，当问及"有人认为马克思主义已经过时了，您对这种看法的态度"时，"非常赞同""赞同""部分赞同"的比例分别为3%、8%、24%，总计结果高达35%❺。还有极少数高校学生没有树立远

---

❶ 董洪亮. 习近平就高校党建工作作出重要指示：坚持立德树人思想引领 加强改进高校党建工作 [N]. 人民日报, 2014-12-30 (01).

❷ 习近平出席全国教育大会并发表重要讲话 [EB/OL]. (2018-09-10) [2022-04-25]. http://www.gov.cn/xinwen/2018-09/10/content_5320835.htm.

❸ 习近平向全国广大教师和教育工作者致以节日祝贺和诚挚慰问 [N]. 人民日报, 2020-09-10 (01).

❹ 习近平看望参加政协会议的医药卫生界教育界委员 [EB/OL]. (2021-03-07) [2022-04-25]. http://cpc.people.com.cn/n1/2021/0307/c435113-32044574.html.

❺ 张丽. 新时代大学生社会主义意识形态认同教育研究 [D]. 扬州：扬州大学, 2021: 45.

大的共产主义理想，理想信念呈现出较为严重的功利主义色彩，不少高校学生甚至包括已经是党员的学生的入党动机不纯，有调查显示，关于对"共产主义能否实现"的态度，60.87%的受调查大学生表示"共产主义是历史发展的必然趋势，终会实现"，22.21%的受调查大学生表示"有可能实现"，而10.72%的受调查大学生表示"很难实现"，还有6.20%的受调查大学生认为"无所谓"❶。

二是少数高校学生主流意识形态认知模糊。认知是认同的前提和基础，认知的欠缺必然会影响认同的最终形成。在大学生中开展的问卷调查结果显示，在"对我国主流意识形态基本内容（如马克思主义指导思想、中国特色社会主义理论体系、社会主义核心价值观等内容）熟悉程度"的调查中，"非常熟悉"的占比12.9%，"比较熟悉"的占比42.6%，"有点熟悉"的占比37.5%，"不熟悉"的占比7%❷。这表明，少数高校学生不能正确区分主流意识形态和非主流意识形态，没有认识到非主流意识形态的表现形式、本质和危害性，这也暴露出当前高校意识形态教育工作某些方面存在不到位的问题。

三是少数高校学生民族文化认同感不强。中华文化是中华民族的身份认同标志，是实现中国梦的伟大精神力量，中华文化认同的缺失必然会导致高校学生对我国主流意识形态的疏远，当前，高校少数学生对中华文化的认知和传承情况整体不理想，对西方文化崇洋媚外，而对中华传统文化态度冷淡，比如，有调查结果显示，"当前大学生的文化认同状况令人担忧。首先，对中华传统文化认同淡化的现象突出。22%的大学生认为'没有必要了解中国的历史及传统文化知识'，30%的大学生依据'个人喜好而定'，只有48%认为'有必要了解'。"❸

四是少数高校学生参与主流意识形态建设的积极性不高。人人都是

---

❶ 刘禹廷. 全媒体视阈下大学生主流意识形态认同培育研究 [D]. 曲阜：曲阜师范大学，2021：26.

❷ 施梦娜. 自媒体视域下大学生主流意识形态认同研究 [D]. 昆明：云南师范大学，2021：34.

❸ 罗希. 网络环境与大学生文化认同现状的调查研究 [J]. 决策探索（下），2018（1）：75.

意识形态工作的参与者，人人都是国家意识形态安全的捍卫者。虽然高校绝大多数学生认同中国特色社会主义制度，具有较高的政治认同，但是他们参与主流意识形态建设的积极性和主动性不够，呈现出明显的知行脱节特点。有调查显示，在被问及"您在微媒体平台上看到反动言论时，您会如何应对"这一问题时，选择"直接举报"的大学生有24.46%，选择"跟帖反驳，表明自身态度"的大学生有33.17%，另有42.37%的大学生选择"忽视"❶。

上述四个方面的问题凸显了高校学生在社会主义意识形态认同方面的薄弱环节，需要我们高度重视，分析背后原因，对症下药，多管齐下，采取切实有效的措施，维护高校学生意识形态认同安全。

三、网络微媒体给高校学生意识形态认同带来了一定的负面影响

当前，高校校园无处不网、无时不网、无人不网，高校学生基本上是互联网时代的原住民。互联网是把双刃剑，以微博、微信、抖音、快手为代表的网络微媒体因其便捷性、生动性等特性给高校学生意识形态认同教育带来了以下机遇：使用的便捷性开辟了高校意识形态教育的新渠道；信息的海量性满足了高校学生的阅读需求；信息种类的多元性提升了意识形态教育内容的吸引力；信息传播的交互性便于高校学生参与社会主义意识形态建设，等等。比如，2022年1月2日，"央视新闻"微博发布的题为《牧民帮游客推车拒收钱展示党徽》的短视频在24小时内就获得了934万次的阅读量，短视频还以745.6万次的阅读量登上了抖音热榜，有网友留言"太燃，信仰的力量让人热泪盈眶"。

但是，正如任何事物都有两面性，网络微媒体也凭借其裂变性、碎片化等特性对高校学生的政治立场、价值选择、思维模式、行为模式产生重要影响，给高校学生意识形态认同安全带来以下挑战：网络微媒体加大了高校网络舆论引导的难度；网络微媒体方便了反动势力对青年学

---

❶ 于杨. 微时代大学生主流意识形态认同研究——以河北省部分高校为例 [D]. 保定：河北农业大学，2020：18.

生的渗透；网络微媒体成为国内外反动势力进行校园宗教渗透的重要渠道；网络微媒体挑战削弱了意识形态工作者在高校学生心中的权威；网络微媒体影响了高校学生对我国主流意识形态话语的认同，等等。比如，有调查显示，关于"网络微媒体对你主流意识形态观念影响情况"的问答，竟有34%的学生选择了"负面影响大"，54.2%的学生选择了"正面影响大"，有11.8%的学生选择了"不好说"❶。

习近平总书记曾指出："过不了互联网这一关，就过不了长期执政这一关。"❷ 因此，面对高校学生意识形态认同方面存在的问题，以及网络新媒体给高校学生意识形态认同带来的挑战，我们必须站在时代和全局的高度，开展网络"微"时代高校学生意识形态认同安全的研究，回应网络"微"时代我国高校学生意识形态认同安全形势的新变化和新要求，分析把握网络"微"时代我国高校学生意识形态教育工作的新特点和新规律，趋利避害，对症下药，多管齐下，通过建强工作队伍、完善法律法规和优化教育环境等措施最大限度消除这些负面影响，不断提升工作的针对性和实效性，构筑高校学生意识形态认同安全的坚固堤坝，让高校真正做到守土有责、守土负责、守土尽责。

---

❶ 冷文勇．网络"微"时代我国高校学生意识形态认同安全研究［D］．北京：中国地质大学（北京），2018：103．

❷ 王德华．中华民族决不能因互联网跌倒在复兴的门槛上［EB/OL］．(2016-04-20)［2022-04-25］．http://www.xinhuanet.com/politics/2016-04/20/c_128914979.htm．

第一章　高校学生意识形态认同安全相关理论

无论开展何种学术研究，科学厘清相关概念及内涵是一项极其重要的基础性工作。唯有如此，才能有效避免因概念不清而导致研究对象的界定和理解出现偏差，才能有效避免学术争论。本章旨在解析与网络"微"时代高校学生意识形态认同安全相关的概念，梳理可用于指导高校学生意识形态工作开展的相关理论，从而为本书其他章节写作提供理论依据和逻辑基础。

第一节　意识形态的解析

从意识形态构建的角度来看，意识形态安全包括意识形态构建安全、传播安全和认同安全。因此，本书的核心词"高校学生意识形态认同安全"本质上属于意识形态安全的范畴。要全面科学把握"高校学生意识形态认同安全"的内涵就必须从解析意识形态概念开始。意识形态是政治学、哲学和社会学领域的一个研究重点，要科学界定高校意识形态的含义，就必须运用历史眼光和对比思维研究国内外学者对其的界定。

一、意识形态的概念

（一）国外学者对意识形态概念的界定

"意识形态"一词是随着近代西方哲学的发展而出现的，根据现有文献资料，"意识形态"一词的初创者是18世纪末期的法国思想家特拉西，他将意识形态解释为"观念的科学"。此后，不少西方学者纷纷从社会学、政治学的角度界定意识形态。德国哲学家弗朗克·菲德勒、奥托·苏格尔认为"意识形态是阶级意识。它是一切政治的、法律的、哲学的、美学的和其他思想的总和。这些思想是一定社会形态中一定阶级的历史地位、经济地位和政治状况，它同其他阶级的关系和矛盾的观念表现。意识形态表达了一定阶级的经济利益和政治目的"❶。20世纪初，意大利共产党创始人之一葛兰西将意识形态划分为"有机的意识形态"和"任意的意识形态"。美国学者施莱辛格认为："意识形态是一组系统的、关于现实生活的观念体系和信条，依据这样的观念体系和信条，人们可以认识、理解和分析现实社会，选择适合自己的一种生活方式，试图采取行动来改变现实社会。"❷

由此看来，关于意识形态的概念，西方学者之间的界定存在多种观点，这是因为他们所处的时代背景不同，又代表着不同的阶级利益，难免对意识形态概念的界定有偏颇甚至偏见，这也提示我们要慎重界定意识形态。

（二）国内学者对意识形态概念的界定

客观地说，很长一段时间以来，我国不少理论工作者将意识形态误解为敏感的政治话题，对相关问题采取回避态度，导致这方面研究起步较晚、成果较少。20世纪80年代末至90年代初的苏东剧变之后，我国

---

❶ 弗朗克·菲德勒，奥托·苏格尔，等. 辩证唯物主义和历史唯物主义 [M]. 郑伊倩，等译. 北京：求实出版社，1985：489.
❷ 王长江. 现代政党执政规律研究 [M]. 上海：上海人民出版社，2002：296.

不少学者开始开展对意识形态相关问题的研究，但对意识形态的概念未形成一致的认识，俞吾金认为，"意识形态是指适合一定的经济基础，以及树立在这一基础上的法律和政治的上层建筑而形成的代表统治阶级根本利益的情感、表象和观念的总和"。❶ 郑永廷认为，"意识形态是自觉反映一定阶级或社会集团经济政治利益的系统化的思想观念体系，是这个阶级或社会集团政治理想、价值标准和行为规范的理论表达。"❷ 张博颖认为，"意识形态是在一个国家和社会中占统治地位的统治阶级的系统化、理论化的思想价值体系。"❸ 侯惠勤认为，"从马克思主义的观点看，意识形态是国家权力的组成要素，即'思想的上层建筑'，其功能是夺取政权和巩固政权。就是说，任何一个政权的建立，总要先造舆论，取得道义上的广泛认同；而一个政权的巩固，则总要把统治阶级的意志上升为统治思想，成为社会的普遍共识"。❹

尽管国内学者对意识形态的解读有不同看法，但都认识到了意识形态的阶级性、排他性及其内容的多样性，在某些方面达到了认识上的一致。

（三）马克思对意识形态概念的界定

与西方学者对意识形态概念的界定不同，马克思科学地界定了意识形态的本质，"意识形态是系统的、自觉的反映社会经济形态和政治制度的思想体系，它建立在一定的经济基础和政治上层建筑之上，反映了一定阶级、集团的持久的经济政治利益，具有鲜明的阶级性。"❺ 马克思还一针见血地指出了意识形态对于统治阶级或集团的重要性，他说："每一个企图取代旧统治阶级的新阶级，为了达到自己的目的不得不把自己的利益说成是社会全体成员的共同利益，在观念上的表达就是：赋予自己

---

❶ 俞吾金. 意识形态论 [M]. 上海：上海人民出版社，1993：129.
❷ 郑永廷. 社会主义意识形态领导权和主导权研究 [J]. 教学与研究，2013（7）：46.
❸ 张博颖. 以社会主义核心价值体系引领当代社会思潮 [J]. 伦理学研究，2007（4）：1.
❹ 侯惠勤. 意识形态的历史转型及其当代挑战 [J]. 马克思主义研究，2013（12）：5.
❺ 马克思恩格斯选集：第1卷 [M]. 北京：人民出版社，1995：98.

的思想以普遍性的形式,把它们描绘成唯一合乎理性的、有普遍意义的思想。"❶

目前,绝大多学者认同的意识形态的概念来自马克思、恩格斯的经典著作。认真分析就会发现,马克思的意识形态概念是建立在历史唯物主义基础之上的,比西方其他学者的意识形态概念更具科学性和生命力,是指导我们做好当前意识形态工作的理论基础。

综上可以看出,意识形态本质是反映统治阶级利益的思想理论体系,意识形态扮演了"社会水泥"的角色,它有利于实现全体社会成员思想观念和价值判断的统一,是维护执政党的执政权威和合法性的重要工具。可以说,只要阶级还存在,意识形态就不会消失。

二、意识形态的特点

为了更好把握意识形态工作的规律,我们需要分析意识形态的特点。与其他上层建筑不同,意识形态有以下四个显著特点。

(一)意识形态具有阶级性

阶级性是意识形态最鲜明的特征,意识形态不是单个社会成员的思想观念简单的叠加,而是由特定阶级或集团制定的,要求全体社会成员认同、践行的思想观念体系,也就是说统治阶级一定要注意借助意识形态的力量维护自己的执政权威,要将自己倡导的意识形态转为为社会全体成员认同的思想观念体系。因此,代表不同群体的集团和阶级的意识形态有着显著的差别,体现了鲜明的阶级色彩,甚至彼此之间还相互排斥,这也使得意识形态体现了一定的强制性,单个个体如果不认同所处社会的主流意识形态,他就会受到来自政治力量的制约甚至惩罚。

(二)意识形态具有系统性

意识形态是一个自成体系的思想观念系统,而不是零散的思想和观念,它的直接外在表现是思想、观念、政策和理论,它还通过法律、道

---

❶ 马克思恩格斯选集:第1卷[M].北京:人民出版社,1995:100-101.

德、宗教、哲学、伦理、艺术等形式间接表现出来，这些形式承载的深层次内容是当时社会的意识形态，也就是说，法律、道德、宗教、哲学、伦理与意识形态是形式与内容的关系，正如马克思所指出："在不同的财产形式上，在社会生存条件上，耸立着由各种不同的、表达独特情感、幻想、思想方式和人生观组成的整个上层建筑。"❶

（三）意识形态具有现实性

虽然意识形态表现为抽象的思想理论，但它不是空中楼阁，它是建立在特定社会经济基础之上，反映并反作用于社会现实，体现着显著的社会现实性，也就是说意识形态不是一成不变的，其内容会因为社会现实生活的变化而不断增减、完善，这启示我们要紧密关注因为社会的发展变化而导致的意识形态领域出现的新情况、新问题，针对不断变化的时代条件和国内国际形势，与时俱进开展好意识形态工作。

（四）意识形态具有能动性

由于意识形态属于一定社会的思想上层建筑，它有能动性，先进的意识形态能为社会成员指出奋斗目标和前进方向，有助于全体成员形成共同的理想信念，从而达到全社会思想和行动上的统一，也有助于提升阶级或集团的凝聚力和战斗力，从而巩固统治阶级的政权安全，所以，我们要重视发挥意识形态对经济社会发展的作用，做好思想宣传工作，加强社会大众对国家主流意识形态的认同、践行，充分发挥主流意识形态在实现中华民族伟大复兴中国梦过程中的作用。

三、意识形态的分类

意识形态形式多样，性质多样。在现实生活中，只有正确分辨不同意识形态，把握好不同意识形态的性质和特点，才能有针对性地做好意识形态工作。按照不同标准，我们可以将意识形态进行如下分类：

---

❶ 马克思恩格斯文集：第1卷 [M]. 北京：人民出版社，2009：498.

（一）主流意识形态与非主流意识形态

依据在整个社会意识形态体系中所处地位的轻重，可将意识形态分为主流意识形态与非主流意识形态，两者区别在于是否在整个社会思想文化领域占主导地位。马克思曾指出："统治阶级的思想在每一个时代都是占统治地位的思想。"[1] 其中的"占统治地位的思想"就是指主流意识形态。统治阶级性质直接决定主流意识形态性质，比如，我国封建社会的主流意识形态是以"三纲五常"为主要内容的儒家思想。当前我国主流意识形态主要指马列主义、毛泽东思想，以及包括习近平新时代中国特色社会主义思想等在内的中国特色社会主义理论体系的总和。本书中谈到的"意识形态"就是指我国主流意识形态。

所谓"非主流意识形态"，顾名思义，是指在某一特定的社会历史阶段，只被一小部分人群支持认可的意识形态。与主流意识形态不同，非主流意识形态在整个社会意识形态体系中处于从属地位，经常面临被主流意识形态整合的危险。任何阶级社会都会存在非主流意识形态，多年来交替出现或同时并存的成规模非主流意识形态包括新自由主义、民主社会主义、西方宪政主义、普世价值论、历史虚无主义以及一些极端"新左派"思潮等。[2] 由此可见，非主流意识形态往往背离社会发展方向，不断侵扰主流意识形态的主导地位。

（二）进步意识形态与落后意识形态

依据是否符合社会规律，是否正确反映并服务于新的生产方式的标准，意识形态可划分为进步意识形态与落后意识形态。

进步意识形态通常指符合社会发展规律，能推动社会进步的意识形态，从这个意义上说，进步意识形态就是科学的思想观念体系。各个阶级社会都存在进步意识形态，我国主流意识形态符合人类社会发展规律，是进步的意识形态。

---

[1] 马克思恩格斯文集：第1卷 [M]．北京：人民出版社，2009：550．
[2] 姜辉．进一步增强当代中国主流意识形态自信 [J]．红旗文稿，2015（3）：12-14．

落后意识形态则是指背离社会发展趋势，违反社会发展规律，阻碍社会发展进步的思想理念，在当前我国，落后意识形态表现为与我国主流意识形态相悖而行的思想理念，比如，"改革无用论""历史终结论"等非常错误的思想观点，以及拜金主义、"读书无用论"等落后的价值观念。反动落后意识形态往往会阻碍社会的发展进步，会危害主流意识形态的主导地位，甚至会引发危害政党执政安全的群体性行为，所以，我们必须坚决批判落后意识形态。

（三）官方意识形态和民间意识形态

根据意识形态依附主体的特点，意识形态可以划分为官方意识形态与民间意识形态。

官方意识形态是指代表国家政权的一方，掌控国家权力主体方所制定、主张的主导思想观念。"官方话语框架通过影响民众关于政治精英的核心理念来强化政权的合法性"[1]。官方意识形态也可以理解为国家意识形态和统治阶级主张的意识形态，是用来维护执政权威和合法性的思想观念体系，是国家的思想上层建筑，属于国家机器的重要组成部分，是维护一个社会和国家共存和持续的共同价值和信仰，统治阶级的代言人执政党负责国家意识形态的构建、传播工作。民间意识形态是主要存在于民间的思想观念、价值理念和社会思潮等，其主体是生活在基层的普通大众，它具有明显的草根性，但是它对官方意识形态具有充实和评判功能，随着我国民主法制建设不断完善，基层群众的民主意识和主体意识不断增强，民间意识形态也日益活跃并且作用越来越明显，对此，我们必须保持高度重视。此外，随着社会的急剧转型，我国民间意识形态也发生了相应变化，一些民间意识形态呈现出非理性色彩，比如，民粹主义。我们要从时代和全局高度，不断完善社会制度，引导民间意识形态良性发展。

---

[1] 玛利亚·邦德，桑德拉·希普. 意识形态变迁与中共的合法性：以官方话语框架为视角[J]. 周思成，张广，译. 国外理论动态，2013（8）：71.

第二节 高校学生意识形态认同安全的解析

科学界定高校学生意识形态认同安全的概念和内容是本书的重点和难点，它关系到当前高校学生意识形态认同整体形势的界定，也关系到能否提出针对性较强的巩固高校学生意识形态认同安全的措施。

一、认同的内涵

"高校学生意识形态认同安全"一词包含"高校学生""意识形态认同""安全"。要科学界定"高校学生意识形态认同安全"，就必须先理解"认同"的含义，然后解析"意识形态认同"的内涵。

"认同"是一个被人们熟知而又复杂的概念，广泛应用于心理学、政治学、社会学、哲学、宗教学、民族学、传播学、教育学等诸多领域。著名心理学家弗洛伊德最早提出"认同"一词，他提出"认同是一个心理过程，是一个人模仿另一个人或团体的价值、规范与面貌并内化、形成自己的行为模式的过程，认同是个体与他人有情感联系的原初形式"❶。美国《心理学百科全书》中的认同是指"主体同化、吸收其他人或事项，以构建自身人格的过程"❷。

从国内看，《辞海》对"认同"的解释分别有：第一，共同认可、一致承认。例如，某一理论，得到众多人的认可。第二，从社会学的角度来说，是指个人与他人共同的想法，是人们在交往过程中有意识或无意识地被他人的情感和经验所同化，或者自己的情感与经验足以同化别人，是人与人之间产生的内心的默契。第三，从精神分析的角度来说，是指

---

❶ 西格蒙德·弗洛伊德. 弗洛伊德后期著作［M］. 林尘，张唤民，陈伟奇，译. 上海：译文出版社，1986：176.
❷ 周晓虹. 中国中产阶层调查［M］. 北京：社会科学文献出版社，2004：24.

个体通过潜意识模仿某一对象而获得心理归属感的过程❶。不少学者也解析了认同的内涵，比如，聂立清认为，"认同就是主体对他者的自觉自愿的认可、接受、赞同、同意乃至尊崇……认同不仅仅是对他者的一种简单的知识性的同意、接受，更是主体对他者在心灵深处相同、相融合和在情感、意识上的归属感"❷。在陶倩、朱承看来，认同就是通过个体与社会的互动，在主体客体化及客体主体化的过程中不断感知对象、认识对象，逐渐将对象内化为自身的观念，并外化为行为的过程。❸

本书认为，认同是一种心理过程，是认同主体经过认知、价值判断、情感、意志的心理过程后，对认同客体表示接受、认可、支持、赞同，并产生情感上、意识上的归属感和依附感，进而自觉或不自觉地表现出与认同客体相似或一致的行为。

从具体过程来看，认同主要包括认知认同、情感认同、内化认同和行为认同四个阶段。这四个认同阶段是相辅相成、相互联系的。首先，认知认同是整个认同过程的基础，主要通过外部灌输使人们获得知识。其次，情感认同是认同过程的动力，是人们发自内心的需要。再次，内化认同是认同过程的关键。内化的过程是一个认知和情感凝结的过程，在这一过程中意志起着重要的作用。最后，行为认同是将前三种认同转化为结果的过程。这四个认同阶段逐级过渡和转化，形成一种往复式的循环。

二、高校学生意识形态认同安全的界定

"高校学生意识形态认同安全"一词由"高校学生""意识形态认同""安全"三个词组成，由于此前已经探讨了"意识形态认同"的概念，因此，只需要界定"高校学生""意识形态认同""安全"的内涵就

---

❶ 夏征农，陈至立. 辞海：典藏本 [M]. 上海：上海辞书出版社，2011：3710.
❷ 聂立清. 我国当代主流意识形态认同研究 [M]. 北京：人民出版社，2010：22.
❸ 陶倩，朱承. 关于社会主义核心价值体系认同的思考——以大学生群体为对象的考察 [J]. 思想理论教育，2007（12）：53.

可以给"高校学生意识形态认同安全"下定义。

（一）"高校学生"的界定

鉴于当前我国高校类型和学历层次的多样性，当前我国高校学生既包括专科生、高职生、本科生，也包括硕士研究生、博士研究生，也就是说，本书中的"高校学生"是指我国大中专院校中的专科生、高职生、本科生和所有研究生。

（二）"主流意识形态认同"的内涵

由于本书的"意识形态认同"是指"主流意识形态认同"，因此，我们要科学界定"主流意识形态认同"的内涵。

主流意识形态是指需要社会成员认可并接受的占主导地位的意识形态，是一个社会思想文化的"主心骨"。我国主流意识形态是社会主义意识形态，主要体现为社会主义核心价值体系，即马克思主义指导思想、中国特色社会主义共同理想、以爱国主义为核心的民族精神和以改革创新为核心的时代精神、社会主义荣辱观。

很多学者曾给主流意识形态认同下过定义，比如，王邦佐认为，主流意识形态认同就是"社会成员对党的指导思想及其衍生的纲领、路线、方针、政策等产生的价值取向和心理取向，一种在社会政治生活中产生的情感上和意识上的归属感"[1]。本书认为，主流意识形态认同实质上就是对统治阶级所主导的思想、意识的认可和接受，包括对体现统治阶级思想的政治、文化、法律、哲学等载体的认同与尊崇。主流意识形态认同的程度对政权的合法性与国家的稳定均具有直接影响。在我国，主流意识形态认同指大众对马克思主义以及包括习近平新时代中国特色社会主义思想在内的马克思主义中国化成果等内容的认同与尊崇。

综上所述，本书将"高校学生意识形态认同安全"界定为"我国高校学生普遍高度认可、赞同、拥护和支持我国主流意识形态，并且我国

---

[1] 王邦佐.执政党与社会整合：中国共产党与新中国社会整合实例分析［M］.上海：上海人民出版社，2002：217.

主流意识形态特别是社会主义核心价值观在高校学生中的主导地位保持稳固,不发生安全事故,不受威胁动摇并经得住各种考验的状态"。

(三)"安全"的内涵

从词源角度看,"安全"起源于英语"sure"和法语"sur",《牛津英语词典》将"安全"界定为"拥有或足以提供信心,保障和确定的状态"❶。在英语中,安全(security)一词有两层含义:一是指安全的状态,即免于危险,没有恐惧;二是指维护安全,即安全措施与安全。❷ 国内外学界关于安全概念主要有以下代表性观点:一些学者从主客观的结合上进行考察,现实主义理论代表人物之一阿诺德·沃尔弗斯在《冲突与合作》一书中指出:"安全,在客观的意义上,表明所获得价值不存在威胁;在主观意义上,表明不存在这样的价值会受到攻击的恐惧。"❸ 还有学者将安全定义为两种状态:"一是客观上不存在威胁,二是后果不蒙受损失。反之,如果客观上存在威胁,或者后果上蒙受损失,都视为不安全。"❹ 还有一些学者认为安全并没有确切含义,无须对它进行定义,也可以直接讨论有关安全的问题,如布赞(Barry Buzan)、费雷(Daniel Frei)、杰维斯(Robet Jervis)等认为安全只是一个模糊的象征,难以给它下一个普遍适用的定义,必须要联系具体现实情况来界定。还有学者将安全定义为一种价值,美国学者卡尔·多伊奇在《国际关系分析》中指出,安全意味着和平及和平的维护,但是由于安全作为一种价值,同时是享受其他许多价值的方式和条件,所以它的含义往往是不明确的。❺ 从语义学角度看,名词"安全"(security)最初含义是令人心理上感到愉快的一种状态。"安全的"(secure)最早的意思是"无忧无虑"(se +

---

❶ Oxford English Dictionary [M]. Oxford: Oxford University Press, 1857: 370.

❷ Weberster's Ninth New Collegiate Dictionary [M]. 1062.

❸ WOLFERS A. Discord and Collaboration [M]. Baltimore: Johns Hopkins University Press, 1962: 5.

❹ 子杉. 国家的选择与安全——全球化进程中国家安全观的演变与重构 [M]. 上海:上海三联书店, 2005: 9.

❺ 卡尔·多伊奇. 国际关系分析 [M]. 北京:世界知识出版社, 1992: 283.

cura），与"警惕"的意思恰好相反。❶ 在《现代汉语词典》中，"安全"是指没有危险，不受威胁，不出事故，如安全操作、安全地带、注意交通安全❷。综上所述，安全体现为一种不受威胁和不存在危险的状态。本书倾向认为安全是客观状态，即事物生存不存在外部攻击的现实或潜在威胁的状态。

三、高校学生意识形态认同安全的内容

科学界定高校学生意识形态认同安全内容是本书的研究重点，也是拟突破的难点，只有界定了高校意识形态认同安全的内容，才能把握网络"微"时代我国高校学生意识形态认同安全的整体状况和存在的问题，才能提出巩固我国高校学生意识形态认同的具体措施。由于意识形态安全包括意识形态构建安全、传播安全和认同安全三部分内容，因此，意识形态认同安全是意识形态安全的内容。从梳理的文献来看，没有专门对"意识形态认同安全"内容的论述，但是关于意识形态安全内容的研究有一些成果，比如，田改伟把意识形态安全总结为道德的安全、政治信仰的安全和宗教信仰的安全。❸ 蔡泉水在其博士论文中指出意识形态安全主要包括"指导思想安全、政治信仰安全、道德秩序安全、民族精神安全等"❹。戚水贞认为，意识形态安全包括政治信念、价值观念和民族精神。❺

客观地说，尽管上述观点较好地划分了意识形态安全的内容，但是依然存在不足。

首先，概括不太全面。上述观点有的归纳过于简单，没有把政党认

---

❶ MCSWEENEY B. Security, Identity and Insterests [M] //A Sociology of International Relations. Cambridge: Cambridge University Press, 1999: 17.

❷ 中国社会科学院语言研究所词典编辑室. 现代汉语词典（修订本）[M]. 北京：商务印书馆，1996: 7.

❸ 田改伟. 试论我国意识形态安全 [J]. 政治学研究，2005 (1): 29.

❹ 蔡泉水. 新媒体环境下我国主流意识形态安全研究 [D]. 南昌：南昌大学，2016: 31 - 32.

❺ 戚水贞. 加入 WTO 与我国的意识形态安全 [J]. 世纪桥，2003 (2): 35.

同安全概括进去，因为意识形态本来是关于执政党执政权威和合法性的问题，对执政党认同安全是意识形态认同安全的核心内容，不少学者也没有谈到民族文化认同安全问题，这的确是遗憾之处，因为民族文化是一个国家或民族的精神纽带。

其次，分析比较笼统。上述学者基本上均认同意识形态安全包括政治信仰安全，但是对政治信仰安全具体包括哪些内容没有做深入的阐述，至少政治认同包括国家认同和政党认同，国家认同还可分为国家实体认同、国家价值认同和国家制度认同，政党认同还可以细分为政党合法性认同、政党思想认同，上述观点没有对此做出阐述。

最后，有些说法值得商榷。意识形态是统治阶级集体意志的体现，群体性是意识形态的突出特点，它区别于个人的思想观点理论，但是有学者提出的"个人价值信念的安全""个体认同归属的安全"似乎不妥，因为个人价值信念内容广泛，有些内容如恋爱观就不属于意识形态的内容。

2019年9月在全国民族团结进步表彰大会上，习近平总书记强调要"不断增强各族群众对伟大祖国、中华民族、中华文化、中国共产党、中国特色社会主义的认同"。❶ 习近平总书记的上述讲话为界定高校学生意识形态认同安全内容提供了很好的启发和借鉴，可以说，上述"五个方面的认同"都应属于高校学生意识形态认同的内容，但是，我们不能仅仅将此处的"五个方面的认同"等同于高校学生意识形态认同的内容，原因有以下两点：一是习近平总书记上述讲话是从进一步做好民族工作、进一步维护民族团结的出发点展开的，讲话的受众包括不少具有宗教信仰的少数民族群众，受众与高校学生群体有较大区别。二是习近平总书记的讲话没有提出对马克思主义的认同，当然这主要是对少数民族宗教信仰的尊重考虑，以及对我国宗教信仰自由的法律尊重的考虑，高校学生意识形态工作的主要目标和任务就是确保马克思主义在意识形态的指

---

❶ 习近平：在全国民族团结进步表彰大会上的讲话［EB/OL］.（2019-09-27）［2022-08-25］. https：//www.ccps.gov.cn/xxsxk/zyls/201909/t20190927_134584.shtml.

导地位，培养坚定的马克思主义者是我国高校学生思想政治教育的主要目标，因此，对马克思主义的认同是高校学生意识形态认同的核心内容。

根据上述意识形态安全内容的分析，结合我国意识形态工作的实际，以及我国高校和高校学生的特点，本书将高校学生意识形态认同安全划分为以下五方面内容：

（一）高校学生理想信念认同安全

理想信念认同安全是高校学生意识形态认同安全的灵魂，它统率着高校学生政党认同安全、国家认同安全、中华民族认同安全和中国特色社会主义制度认同安全，关系到高校学生是否信仰马克思主义，关系到高校举什么旗、走什么路，是关系到中华民族前途命运的重大问题。高校学生理想信念认同安全主要包括以下两方面内容。

1. 高校学生应信仰马克思主义

马克思主义是我们立党立国的指导思想，是我国社会主义主流意识形态的旗帜和灵魂。具体地说，高校学生信仰马克思主义指高校学生努力做坚定的马克思主义者，反对唯心主义，真学、真懂、真信、真用马克思主义，能够自觉科学运用马克思主义立场观点分析和解决问题，并相信马克思主义具有持久旺盛的生命力，相信科学，崇尚科学，反对迷信，能做到自觉捍卫马克思主义在我国意识形态领域的指导地位，特别是在面临马克思主义与其他非马克思主义的交锋时，能旗帜鲜明、立场坚定地支持马克思主义。

2. 高校学生应具有共产主义远大理想

共产主义远大理想是奠基于马克思主义的科学理论，是实现中华民族伟大复兴的强大精神力量。高校学生具有共产主义远大理想，一方面指高校学生将实现共产主义当成人生理想，能正确理解共产主义理想的真谛，并将其当作自己经久不衰的人生动力，能立志把我国建设成富强民主文明和谐美丽的社会主义现代化强国，能做到实现自身价值与服务祖国人民的有机统一。另一方面是指高校学生相信社会主义制度优越于资本主义制度，能正确认识国际共产主义运动的挫折，坚信社会发展的总趋势，坚信共产主义远大理想一定能够实现。

（二）高校学生政党认同安全

政党认同最早由美国学者坎贝尔于1960年提出，指"在心理上对某一政党的归属感或忠诚感"，是"个体在其所处环境中对重要的群体目标的情感倾向"❶。后来，政党认同一般突出理性因素，包括对某一政党制度、政治理念或政策取向的认同。高校学生政党认同就是指我国高校学生对中国共产党的情感认同和组织认同，具体来说，包括以下三个方面：

1. 高校学生认同党的执政合法地位

合法性是政治学关注的一个基本问题，"指人们内心的一种态度，这种态度认为政府的统治是合法的和公正的"❷。近代中国灾难深重，从1840年鸦片战争爆发以来，中国接连出现的洋务运动、戊戌变法、辛亥革命等救亡图存的爱国运动都失败了，只有中国共产党领导的新民主主义革命取得了胜利，所以，"中国共产党的领导，是历史的选择，人民的选择，是中国特色社会主义最本质的特征，也是实现中华民族伟大复兴的根本保证"❸。历史和事实都已证明，只有在中国共产党的领导下，才能实现中华民族伟大复兴。而一个政党的领导水平和执政能力的增强又不断强化着社会认同，中国共产党成为中国特色社会主义事业的领导核心，是中国人民经过长期探索而做出的选择，是各族人民在认同的基础上形成的结论。高校学生政党认同不但指对党的执政合法性不怀疑，不诋毁，还要爱党并衷心拥护党的领导，自觉抵制制止丑化党的形象、妄议党的政策的行为，能服从党的领导和基层党组织的日常管理，对一切危害党的领导的行为都必须旗帜鲜明地反对。

---

❶ 柴宝勇. 政党认同研究在中国：综述与评价 [J]. 社会主义研究，2007（4）：39.

❷ 王继宣. 爱国统一战线对增强党的执政合法性基础的意义 [J]. 重庆社会主义学院学报，2002（4）：16.

❸ 闻言. 党的领导是中国特色社会主义最本质的特征 [N]. 人民日报，2016-06-23（07）.

2. 高校学生认同党的历史功绩

只有认可党的历史功绩才能增进对党的情感认同。正是因为有了中国共产党，中华民族才能实现从站起来、富起来到强起来的历史性飞跃。我们党的发展历史是中国道路、中国话语最鲜活、最真实的体现和表征。当前社会上出现了一些否定党的历史功绩和诋毁革命英烈的历史虚无主义思潮，有的打着"揭秘历史""还原真相"的幌子，行翻案历史、颠覆历史、虚无历史之实，有的任意戏说历史、调侃历史，甚至胡乱编造历史，调动读者尤其是高校学生的好奇心，博人眼球，赚人钱财，有的甚至宣称，凡是过去史学著作、教科书上的定论都要推翻，贬损共产党领袖的用意在于否定我们党的政治品格。❶ 认同党的历史功绩就要求高校学生能远离历史虚无主义，能做到抛弃从个人私利、个人恩怨出发来评判历史、评价领袖，以实事求是的态度评判领袖人物，高度赞扬党的丰功伟绩，自觉加强党史学习，铭记革命先烈故事，自觉弘扬革命先烈精神，自觉传承红色基因，自觉做到知党史，谢党恩，听党话，跟党走。

3. 高校学生认同党的思想路线方针

学习、宣传、贯彻执行党的理论和路线方针政策，贯彻落实党中央和上级党组织的决策部署是政党认同的外在行为体现，具体地说，一方面，指高校学生坚信党的理论方针政策，不产生任何怀疑，积极学习我们党的理论和政策，提升理论自信，能科学认识中国特色社会主义理论体系的真谛，自觉推进"四个全面"战略布局；另一方面，指高校学生不断宣传、不折不扣地贯彻执行党的路线方针政策，就当前而言，要高度认同并积极践行社会主义核心价值观，积极学习贯彻执行党的十九大暨和十九届历次全会精神。

（三）高校学生国家认同安全

国家认同是指一国公民对自己国家接纳、赞许与归属的认知、情感

---

❶ 刘书林. 认清历史虚无主义思潮的真实用意 [J]. 求是, 2015 (9): 58.

与态度,是集民族、历史、文化、领土、政治、身份等认同于一体的综合性认同。[1] 它是维系一个国家生存和发展的重要纽带。高校学生认同自己的国家,既是情感归属的需要,也是一种理性的认同。

1. 高校学生具有强烈爱国精神

爱国精神不是空洞的口号,而是一种具体的情感认同,还要落实到具体行动上,高校学生认同国家就要为自己是祖国的一分子感到骄傲,当祖国的利益受到侵害时,能理性地表达自己的爱国情怀,还要有强烈的国民意识和公民意识,能自觉地把自己的命运同祖国的命运紧密地联系在一起,在祖国需要的时候能勇敢地站出来,比如,报名参军或毕业时到祖国最需要的地方去。高校学生认同国家就要拥护祖国统一和民族团结,认同中华民族是由56个民族组成的民族共同体的事实,拥护"一国两制"的方针和民族区域自治制度,积极抵御危害祖国统一和民族团结的言行。此外还要有较强的国家安全意识,能自觉履行维护国家安全的义务,绝对不做危害国家安全的事情。

2. 高校学生认同国家制度

亨廷顿曾指出:"一种政治体系要成功地适应现代化,就必须改变传统的价值观和行为模式,把对于家庭、乡村和部落的效忠,扩大到对国家的效忠,使公共权力世俗化,使权威结构合理化。"[2] 高校学生认同国家还要体现在对国家制度的认同上,高校学生要认同人民代表大会制度等国家基本政治制度,增进中国特色社会主义社会道路的认同,包含"一带一路"倡议、"五位一体"总布局认同,还要严格遵守中国特色社会主义法律,执行国家政策,积极践行社会主义核心价值观。还要能深刻认识我国政党制度与西方政党制度的本质区别,能看清西方民主制度的本质,能积极抵制西方政治制度和价值观念的渗透。

---

[1] 陈锡敏. 思想政治理论课与大学生国家认同 [J]. 教学与研究, 2017 (2): 86.
[2] 塞缪尔·亨廷顿. 变动社会中的政治秩序 [M]. 北京: 生活·读书·新知三联书店, 1989: 32.

(四) 高校学生中华民族认同安全

民族认同是实现民族团结的基础，高校学生是促进民族团结的重要力量。中华民族是一个命运共同体，共同意识是维系共同体群体性存续的关键因素。高校学生中华民族认同安全包括高校学生有强烈的民族身份认同以及对中华优秀传统文化的认同。

1. 高校学生具有中华民族共同体意识

中华民族是由我国 56 个民族组成的多元民族共同体的总称，56 个民族水乳交融、唇齿相依、荣辱与共的观念和中华民族利益高于一切的思想，始终把各族人民紧紧团结在一起。习近平总书记多次强调"中华民族共同体"，2014 年 9 月，习近平总书记在中央民族工作会议暨国务院第六次全国民族团结进步表彰大会上指出："加强中华民族大团结，长远和根本的是增强文化认同，建设各民族共有精神家园，积极培养中华民族共同体意识。"❶ 2020 年 1 月，习近平总书记在云南视察时指出："要坚持走中国特色解决民族问题的正确道路，全面深入持久开展民族团结进步创建，打牢中华民族共同体思想基础。"❷ 高校学生认同中华民族首先要求高校学生具有强烈的中华民族共同体意识，认同中华民族是一个命运共同体，要认识到每一个民族都是中华民族的组成部分，都和这个大家庭血肉相连，休戚与共，还要树立中华民族利益高于一切的思想，始终把中华民族的共同利益摆在首位，积极推进祖国的繁荣昌盛，坚决维护国家主权、安全、发展利益。

2. 高校学生高度热爱中华文化

文化认同是最深层次的认同。意识形态与民族文化有着千丝万缕的联系，它与民族精神紧密契合，融合着民族意识和价值观念等共同特质，

---

❶ 中央民族工作会议暨国务院第六次全国民族团结进步表彰大会在北京举行 [EB/OL]. (2014 - 09 - 30) [2022 - 04 - 25]. 人民网 - http://politics.people.com.cn/n/2014/0930/c1024 - 25763359.html.

❷ 汪晓东，李翔，王洲，等. 共享民族复兴的伟大荣光 [N]. 人民日报，2021 - 08 - 25 (01).

确保包括民族精神在内的民族文化不断延续是意识形态安全的重要任务。"每一种文化都代表自成一体的独特和不可替代的价值观念,因为每一个民族的传统和表达形式是证明其在世界上的存在的最有效手段"[1]。中华文化是我们国家的重要软实力,是中华民族的灵魂和标志。2014年9月,习近平总书记指出:"文明特别是思想文化是一个国家、一个民族的灵魂。无论哪一个国家、哪一个民族,如果不珍惜自己的思想文化,丢掉了思想文化这个灵魂,这个国家、这个民族是立不起来的。"[2] 作为中华优秀传统文化的坚定传承者、学习者、保护者和宣传者,高校学生要认同中华优秀传统文化,不断汲取中华优秀传统文化的思想精华和道德精髓,积极弘扬中华民族"讲仁爱、重民本、守诚信、崇正义、尚和合、求大同"的优良传统,敬畏、学习、运用、传播并不断创造中华文化,能自觉地与文化恶搞等身边对中华文化的不敬行为做斗争,确立高度的文化自信。

(五) 高校学生中国特色社会主义认同安全

习近平总书记指出:"中国特色社会主义,是科学社会主义理论逻辑和中国社会发展历史逻辑的辩证统一,是植根于中国大地、反映中国人民意愿、适应中国和时代发展进步要求的科学社会主义。"[3] 增进高校学生对中国特色社会主义的认同是高校思想政治教育工作的基本要求,也是确保我国社会主义建设事业后继有人的客观需要,其主要包括以下内容:

1. 高校学生认同中国特色社会主义道路

道路问题是第一位的问题。高校学生要深刻认识到,中国走上社会

---

[1] 欧文·拉兹洛. 联合国教科文组织国际专家研究报告——多种文化的星球 [M]. 戴侃,辛未,等译. 北京:社会科学文献出版社,2001:201.

[2] 习近平. 在纪念孔子诞辰2565周年国际学术研讨会暨国际儒学联合会第五届会员大会开幕会上的讲话 [N]. 人民日报,2014-09-25 (03).

[3] 中共中央宣传部. 习近平总书记系列重要讲话精神读本 [M]. 北京:人民出版社,学习出版社,2016:27.

主义道路是一个客观事实,是正确的选择。坚持社会主义道路,是中国历史发展的必然趋势,也是中国各族人民的必然选择,历史反复证明,只有社会主义才能救中国,只有中国特色社会主义才能发展中国,这已成为各族人民的共识。尽管当今国际风云变幻,世界社会主义事业发生严重挫折,但社会主义在中国依然焕发出蓬勃的生机和活力。高校学生要有强烈的社会主义道路自信,坚持走社会主义道路,坚决不走其他改旗易帜的歪路和邪路。

2. 高校学生认同中国特色社会主义理论

高校学生对中国特色社会主义的认同还表现为理论认同。习近平总书记指出:"中国特色社会主义理论体系紧密结合我国改革开放和社会主义现代化建设的实际,紧密结合新的时代条件……再一次有力地证明,在新的时代条件下马克思主义基本原理和科学社会主义基本原则仍然是共产党人正确认识、把握和运用共产党执政规律、社会主义建设规律、人类社会发展规律的锐利思想武器。"❶ 理论是实践的先导,高校学生必须增强对中国特色社会主义理论体系的认同,不断提升理论自信,能科学认识中国特色社会主义理论体系的内涵,并且能做到自觉学习、研究和宣传中国特色社会主义理论。

3. 高校学生认同中国特色社会主义制度

对中国特色社会主义的认同还表现为制度认同。制度认同就是要自觉遵循中国特色社会主义制度。高校学生要认识到中国特色社会主义制度具有无可比拟的优越性、鲜明的人民性和独特的本土性,不断夯实中国特色社会主义理想,还要认识到中国特色社会主义制度是一个在改革开放中逐步定型、不断完善的,还存在许多可变性和不稳定性因素,但是它符合历史发展方向,符合中国广大人民的根本利益。高校学生要做

---

❶ 习近平. 关于中国特色社会主义理论体系的体会和认识[EB/OL]. (2008-03-01)[2022-09-15]. https://www.ccps.gov.cn/xxsxk/xldxgz/201812/t20181223_126873_1.shtml?ivk_sa = 1024320u.

中国特色社会主义制度的坚定拥护者、积极建设者,坚决抵制资本主义制度的诱惑和渗透。

上述五个方面相互联系、互为补充,共同构成了高校学生意识形态安全的内容体系,其中,理想信念认同安全是根本灵魂,政党认同安全是核心内容,国家认同安全、中华民族认同安全和中国特色社会主义制度认同安全是具体体现。高校意识形态教育工作者在思想认识和实际工作中,必须全面把握,不可偏废,只有这样才能真正开展好高校学生意识形态教育工作。

四、高校学生意识形态认同的评判标准

意识形态认同是一定社会制度合理存在的精神支撑和重要保证,加强主流意识形态的认同,使社会主义核心价值观成为社会公众的基本共识,从而有利于减少社会的运行成本,促进社会稳定和个体的发展。反之,如果认同感缺失,社会失去凝聚力、包容力和感召力,社会根基就会瓦解。研究高校学生意识形态认同安全问题,分析网络"微"时代高校学生意识形认同安全现状,必须确定意识形态认同的标准,也就是如何界定是否认同意识形态。由于认同本质是一种心理过程,是认同主体经过认知、价值判断、情感、意志的心理过程后,对认同客体表示接受、认可、支持、赞同,并产生情感上、意识上的归属感和依附感,进而自觉或不自觉地表现出与认同客体相似或一致的行为,所以,我们可将高校学生意识形态认同标准概括为以下四个方面:

(一)高校学生认知上是否接纳主流意识形态

"知"要解决认知问题,是基础。认知是主体收集客体知识的主动行为,是人们运用思维、感觉、记忆、想象等能力获得知识、加工知识、贮存知识、提取知识和使用知识的过程。认知上接受意识形态是意识形态认同的起点,它直接决定是否认同意识形态。认知上接纳意识形态即为认识主体把某种意识形态作为客体对象加以接纳,其步骤是认知主体在意识层面接受意识形态所倡导的价值取向,思想上与该意识形态保持

一致，理性赞同该意识形态的观点理论。高校学生对于我国主流意识形态的认同是建立在高校学生对我国主流意识形态认知基础上的，对我国主流意识形态及价值理念的吸收和认可，以及对其正确判断和评价，这也是高校学生确定对我国意识形态的主观态度和行为准则的内在依据，如果不能实现这一点，也就谈不上高校学生对我国主流意识形态的认同。

（二）高校学生情感上是否喜爱主流意识形态

"情"要解决情感问题，是关键。从认同层次上看，情感认同是认知认同进一步的深化和发展。在认知的过程中对特定意识形态产生情绪或情感，进而在情感的支配下产生某种方式行动的倾向，实现认知、情感、行为倾向三者协调一致，进而形成对意识形态的真实认同。否则，三者不一致，就不会出现意识形态认同，可以说，情感认同在意识形态认同中发挥着"催化剂"的作用，正如列宁所说"没有人的情感，就从来没有也不可能有人对真理的追求"[1]。高校学生对我国主流意识形态的情感认同就是高校学生对我国主流意识形态的肯定、满意、喜爱态度，就是高校学生将我国主流意识形态的价值核心融入内心深处，并成为心中坚定的理想信念。

（三）高校学生意志上是否信仰主流意识形态

"意"要解决意志问题，是保障。意志认同是在人们心中会形成相对稳定的心理和精神状态。鉴于意识形态具有排他性，不同意识形态的斗争总是在继续，对某种意识形态的认同必然是放弃或否定其他意识形态的结果，是人们通过理智权衡解决内心矛盾的结果，在此过程中人们是否具有对某种意识形态的坚定意志就很关键。当一种思想观念逐渐根植于人们的心里时，那就是人们对于以这种观念体系为主导的意识形态的认同已经形成，也就将这种观念体系内化成了自己的信念。因此，情感上是否信仰意识形态同样决定能否形成意识形态认同。高校学生对我国主流意识形态的情感认同就是要求高校学生在内心深处形成对我国主流

---

[1] 列宁全集：第20卷［M］．北京：人民出版社，1985：255．

意识形态坚定的信仰，保持坚定性和执着性，不会轻易因为外部环境而改变。

（四）高校学生行动上是否践行主流意识形态

"行"要解决行为问题，是归宿。践行意识形态是人们在行动上对意识形态做出的行为反应，是对意识形态认知、情感、意志的外在表现，也是衡量有没有形成意识形态认同的根本标准。在意识形态的认同过程中，如果离开了相应的实践行为，那么认知认同、情感认同、内化认同也就失去了落脚点，也就失去了实质性的意义和作用。中国古代墨家学说代表人物墨子说过"志行，为也"，也就是说意志付于行动，才是作为。考量一个人如何对待社会主义意识形态，不仅要听其言，更要观其行。比如，就高校学生社会主义核心价值观认同而言，如果某个学生只是口头上赞美、书面上拥护社会主义核心价值观，但是在实际生活中经常发布诋毁祖国的负面言论，不讲诚信，考试作弊，不友善，缺少最起码的仁爱之心，那么该学生就没有形成对社会主义核心价值观的认同。高校学生行动上践行我国主流意识形态就是要做我国主流意识形态积极的宣传者、坚定的践行者，并能自觉同危害我国主流意识形态的言行做斗争。

总之，我们要从认知、情感、意志和行为四个层面确定高校学生意识形态认同的标准，这四个层面相互作用，形成一个有机整体，其中，认知上接纳是基础，情感上喜爱是关键，意志上信仰是保障，行动上践行是归宿。这启示我们在开展高校学生意识形态工作中，不但要以此作为衡量高校学生是否形成主要意识形态认同的标准，还要以此为依据，提出有利于促进高校学生主流意识形态认同的针对性措施。

五、高校学生意识形态认同的形成机制

认真研究认同主体的认同心理过程和形成规律，分析高校学生意识形态认同形成机制，有利于提出促进高校学生意识形态认同的针对性措施。从心理学角度分析，认同本质是内外在因素共同作用于主体的结果，

因此，我们可从以下两方面分析高校学生意识形态认同机制的形成过程和相关因素。

（一）内在作用机制

从高校学生个体看，高校学生意识形态认同就是高校学生认知、选择，进而认同、拥护和赞美主流意识形态，并使之成为操控自己思想行动的内在标准和动力的过程。总地来说，高校学生意识形态认同内在作用机制包括以下三方面内容。

1. 动力机制

这里的"动力机制"探讨的是高校学生认同我国主流意识形态的动力问题，也就是心理需要的问题。一种思想观念要想被人们接受，它必须具备能满足人们某些特定需要的特性，能让人们意识到这种思想观念对自己有用。对此，马克思曾指出："任何人如果不同时为了自己的某种需要和为了这种需要的器官而做事，他就什么也不能做。"❶ 所以，高校意识形态教育工作要注意以人为本，考虑如何让学生觉得意识形态对他们有用，从而激发他们认同的内心渴望，让他们感觉到我国主流意识形态对自己的成长有较大价值，与自己的利益密切相关。此外，还要针对网络"微"时代高校学生对知识信息的新要求，不断创新教育方式方法，不断激发他们参与我国意识形态建设的积极性和主动性。

2. 评价机制

认知是认同的第一个环节，意识形态认知是从接受意识形态开始的。因此，如何让人们顺利关注、选择意识形态至关重要。认知本质就是人们对大脑接收到的外界信息的感受、发现和解读的心理过程。在此过程中，意识形态信息自身特性以及其传播主体的概况在很大程度上会影响到主体对它的认知程度，一般而言，高校学生会优先注意、选择自己熟悉、感兴趣或急需的意识形态，一般会接纳和自己原有价值认同标准相

---

❶ 马克思恩格斯全集：第3卷 [M]．北京：人民出版社，1960：286.

一致的意识形态，而对那些与自己原有价值标准不相符的意识形态，要么在经过内心反复权衡之后将其接收，要么直接将其剔除。所以，高校在开展意识形态教育工作时，要注意针对学生的思想行为特点以及思想认识上的困惑，要注意针对学生对信息的新要求，创新意识形态工作话语方式和话语内容。

3. 调节机制

任何主流意识形态的主导地位都是通过与其他意识形态的竞争、斗争获得的。在网络"微"时代，高校学生时刻都被形形色色的信息包围，主流的与非主流，科学的与错误的，由于高校学生的"三观"没有完全树立起来，再加上受知识和阅历所限，他们往往不能正确辨别各种信息，甚至容易被伪装了的非主流意识形态迷惑，在此背景下，心理调节机制作用的发挥至关重要。于是，为了增进高校学生对主流意识形态的认同，我们必须做好主流意识形态的宣传工作，让他们感受到马克思主义的理论魅力以及对现实的解释力，引导他们正确运用马克思主义立场观点分析有关意识形态问题，还要健全监管机制，要实时监控各类微媒体上的学生舆论动态，及时发现、驳斥、查处非主流意识形态言行。

（二）外在作用机制

高校学生意识形态认同外在作用机制就是通过灌输、引导、奖惩等手段，通过外在力量使高校学生接受认同我国主流意识形态的过程，探讨的是如何利用外在因素促进高校学生意识形态认同，具体来说，它包括以下三方面内容。

1. 教化机制

意识形态教化机制主要指意识形态教育的主渠道建设问题。当前我国高校学生意识形态教化机制主要指高校思想宣传工作和思政课建设。高校思想宣传工作关系到高校能否做到守土有责、守土负责和守土尽责，而且其内容丰富，包括队伍、平台、机制、手段等内容。高校思政课是开展高校学生主流意识形态教育的主渠道和主战场，思政课教师除了要讲清、讲透我国主流意识形态的基本观点理论外，还要注意加强意识形态内容、特点和规律的教育，帮助学生认清当前我国主流意识形态面临的挑战，激发他们捍卫我国意识形态安全的积极性和主动性。

2. 引导机制

当前，不少负面信息对高校学生意识形态认同选择造成极大影响，在当前网络"微"时代，一些反动、虚假的信息通过微媒体急剧发酵，再细小不过的生活小事也会因此被炒作为意识形态安全事件，很容易影响高校学生主流意识形态认同，尤其是在一些与意识形态相关事件发生后，一些敌对势力会借机炒作，甚至通过所谓的"公知"或网络"大V"在微媒体上发布错误言论引发舆论危机，很容易误导不明真相的高校学生。因此，高校必须重视建立引导机制，建立一支包括网络评论员在内的网络"红军"，加强官方"两微一端"建设，占领好网络阵地，实时监控，积极引导学生舆论。

3. 奖惩机制

奖励和惩罚是开展高校学生思想政治教育的重要手段，如果激励措施到位、方法运用恰当，就能充分增强学生的积极性和主动性，就能有效避免学生不学、不信、不用社会主义主流意识形态的问题。高校学生意识形态工作奖惩机制就是通过运用奖励和惩处措施，激发高校学生的需要，挖掘学生内在潜质，不断促进他们对我国主流意识形态的认同践行。因此，高校要完善相关奖惩机制，及时奖励在高校意识形态工作中表现突出的先进集体和个人，比如，表彰先进学生学理论社团和优秀学生网络评论员；而对破坏我国意识形态安全的学生，则要严格依照国家法律法规和学校规章制度处罚。

第三节 意识形态认同安全的相关理论梳理

本书研究的核心内容是高校学生意识形态认同问题,"意识形态""认同"是本书的关键词,鉴于"意识形态""认同"是重大的理论问题和现实问题,因此,为提高本书的理论高度以及解决措施的合理性,本书非常有必要梳理有关"意识形态"和"认同"的相关理论。

一、意识形态相关理论

在马克思主义发展史以及中国共产党的思想史上,有关意识形态的理论均占有重要的地位,为无产阶级的意识形态工作提供了科学的理论指导。

(一)马克思主义意识形态理论

1. 马克思意识形态理论

马克思意识形态理论观点主要有:一是意识形态是统治阶级的思想体系。马克思认为,意识形态是统治阶级用来维护统治阶级利益、巩固自己统治政权的工具,"统治阶级的思想在每个时代都是占统治地位的思想。……支配着物质生产资料的阶级,同时也支配着精神生产的资料……占统治地位的思想不过是占统治地位的物质关系在观念上的表现。"[1] 二是意识形态具有鲜明的时代特征。马克思认为,意识形态具有较强的历史继承性,所有意识形态理论都会打上鲜明的时代烙印,对此,马克思曾指出:"人们自己创造自己的历史,但是他们并不是随心所欲地创造,并不是在他们自己选定的条件下创造,而是在直接碰到的、既定的、从

---

[1] 马克思恩格斯全集:第3卷(上)[M]. 北京:人民出版社,1960:52.

过去承继下来的条件下创造。"❶

2. 恩格斯意识形态理论

如果说马克思有关意识形态的阐述还存在一些不确定性，那么恩格斯就对意识形态问题进行了更为确定或明确的表述：一是重构新的意识形态理论。恩格斯首先对旧的意识形态进行了深刻剖析，他认为，传统的意识形态以唯心主义作为指导思想，一些思想家不从社会现实出发而是从已有的理论资料出发研究意识形态问题。恩格斯主张必须在唯物主义的基础上重构新的意识形态理论。二是确立区别新旧意识形态的根本标准。恩格斯对旧的唯心意识形态理论进行严厉批判，开创性地指出了新旧意识形态的根本区别，认为旧的意识形态是脱离现实的，而新的意识形态是建立在唯物主义认识论之上的，并且会根据不断变化的社会现实而变化，恩格斯指出："如果不把唯物主义方法当作研究历史的指南，而把它当作现成的公式，按照它来剪裁各种历史事实，那它就会转变为自己的对立物。"❷

3. 列宁阶级意识形态理论

从一定程度上说，列宁完善了马克思主义意识形态理论，列宁的无产阶级意识形态理论是指导无产阶级及其政党革命的重要武器，其主要内容有：一是要重视发挥意识形态在无产阶级斗争中的作用。在列宁看来，无产阶级要想获得对无产阶级斗争的胜利，就必须重视发挥意识形态理论对广大无产阶级的凝聚、教育和指导作用，他说："对社会主义思想体系的任何轻视和任何脱离，都意味着资产阶级思想体系的加强。人们经常谈论自发性。但工人运动自发性的发展，恰恰导致运动受资产阶级思想体系的支配。"❸ 二是强调意识形态的党性原则。列宁认为哲学、文学、法律等意识形态载体要坚持和体现无产阶级的党性原则，与资产

---

❶ 马克思恩格斯全集：第1卷 [M]. 北京：人民出版社，1995：585.
❷ 马克思恩格斯选集：第4卷 [M]. 北京：人民出版社，1995：688.
❸ 列宁专题文集：论无产阶级专政 [M]. 北京：人民出版社，2009：85.

阶级区别开来,"在资产阶级社会范围内也能摆脱资产阶级的奴役,同真正先进的、彻底革命的阶级运动汇合起来"❶。三是提出了著名的意识形态灌输理论。列宁坚决主张无产阶级的解放运动必须在马克思主义指导下开展,只有这样才能使自发的革命运动上升为自觉的解放运动,因此,必须把马克思主义意识形态理论"从外面灌输给工人,即只能从经济斗争范围外面,从工人同厂主的关系范围外面灌输给工人"❷。列宁十分注重意识形态教育,指出:"只有通过教育才能让青年用知识财富丰富自己的头脑,才能为共产主义建设服务。"❸同样主流意识形态教育的培养目标就是把青年培养成为坚定的马克思主义信仰者。

(二) 中国共产党意识形态理论

自从马克思主义传入我国以来,以毛泽东为代表的几代中国共产党人均紧密结合当时的时代实际,对中国意识形态安全建设问题进行深入考察,形成了独具中国特色的意识形态理论,中国共产党意识形态理论与马克思主义意识形态思想一脉相承,同时做到了与中国国情的有机结合,能够伴随时代发展不断开拓新境界。

1. 毛泽东关于意识形态工作重要论述

以毛泽东为代表的中国共产党人,将意识形态建设问题置于社会文化领域的重要位置,提出了内容丰富的关于意识形态工作重要论述,其主要内容有:

一要掌握好意识形态工作领导权。毛泽东始终注意识形态的关键问题即领导权问题,在他看来,能否注重掌握好意识形态领导权,直接关乎我国能否取得新民主主义革命的胜利,他指出"由于现时中国革命不能离开中国无产阶级领导,因而现实的中国文化也不能离开中国无产阶级文化思想的领导"❹。中华人民共和国成立以后,毛泽东更是把党对意

---

❶ 列宁全集:第1卷 [M]. 北京:人民出版社,1995:256.
❷ 列宁全集:第6卷 [M]. 北京:人民出版社,1986:76.
❸ 列宁选集:第1卷 [M]. 北京:人民出版社,1995:347.
❹ 毛泽东选集:第2卷 [M]. 北京:人民出版社,1991:705.

识形态领导放到了党的建设中的重要位置,他提出,"各地党委的第一书记应该亲自出来抓思想问题,只有重视了和研究了这个问题,才能正确地解决这个问题。"❶

二是取得意识形态领域阶级斗争的胜利。无论是在革命时期,还是在社会主义建设时期,毛泽东都多次强调,要认识到意识形态领域的阶级斗争的长期性和艰巨性,要不断取得意识形态领域阶级斗争的胜利,他曾指出:"阶级斗争在社会主义社会存在并将长期存在,意识形态领域是阶级斗争的高发地,斗争主要围绕是否坚持社会主义道路和党的领导而展开。"❷ 正是基于此认识,他领导集中开展了打击封建思想和资产阶级腐朽文化的思想领域的斗争,为新中国经济社会建设营造了良好"软"环境。

三是认真做好思想宣传工作。毛泽东认为,思想宣传工作是一项全面系统工程,主张从队伍建设、思想宣传机构、工作方针等方面积极开展意识形态建设工作。他特别重视党的理论建设,他曾指出,"没有革命的理论,就没有革命的行动。一切进步的文化工作者,在抗日战争中,应有自己的文化军队,这个军队就是人民大众"❸。为更好地指导文化事业的开展,他提出了"百花齐放,百家争鸣"的文艺发展方针,这对当前我国意识形态建设依然有很强的指导意义。

2. 邓小平关于意识形态工作重要论述

尽管1976年"四人帮"被粉碎,但是"文化大革命"遗毒依然大量存在社会思想领域,在此背景下,以邓小平为核心的党的第二代领导集体提出了一系列科学的意识形态思想、观点和论断:一是重新确定了"解放思想 实事求是"的思想路线。邓小平指出:"只有解放思想,坚持实事求是,理论与实际相结合,做任何事情都从客观实际出发,党的马列主义、毛泽东思想的理论才能顺利发展,我国的现代化建设才能顺

---

❶ 毛泽东文集:第7卷 [M]. 北京:人民出版社,1999:282.
❷ 毛泽东著作选读:下册 [M]. 北京:人民出版社,1986:77.
❸ 毛泽东选集:第2卷 [M]. 北京:人民出版社,1991:718.

利进行。"❶ 二是要坚持物质文明和精神文明一起抓,随着国门的打开,一些西方的价值观念和腐朽生活方式乘虚而入,全社会的精神文化领域逐渐出现一些新问题、新情况,在此背景下,邓小平指出:"我们要在建设高度的物质文明的同时,提高全民族科学文化水平,发展丰富多彩的文化生活,建设高度的社会主义精神文明。"❷ 三是要加强革命历史教育。邓小平非常重视利用革命历史来开展意识形态建设,曾倡导"五种革命精神"教育、艰苦奋斗教育、爱国主义等内容的教育,比如,邓小平曾指出:"我们的国家越发展,越要抓艰苦创业。提倡艰苦创业精神,也有助于克服腐败现象。"❸

3. 江泽民关于意识形态工作重要论述

自20世纪80年代末起,面对国内思想领域的复杂化形势,以江泽民为代表的党的第三代领导集体不断深化对党的先进性的认识,形成了"三个代表"重要思想,江泽民关于意识形态工作重要论述主要内容有:一是大力发展社会主义先进文化。江泽民始终强调坚持中国先进文化的前进方向的重要性,重视在新的伟大实践中弘扬中华民族精神的作用,他曾提出并大力宣传抗洪精神、井冈山精神和"两弹一星"精神等。二是加强和改进思想政治教育工作。江泽民同志曾强调:"意识形态是党的生命的一部分,是社会主义事业的一部分,意识形态工作做得好不好,直接关系到社会主义事业的兴衰成败。"❹ 他主张求真务实地开展意识形态工作,"要结合现代化建设和改革开放的实际,结合人们的思想实际,大力加强和改进意识形态领域的工作,加强和改进思想政治工作。"❺ 三是坚持依法治国和以德治国相结合。伴随着社会转型而来的拜金主义、享乐主义等消极思想的蔓延,党的第三代领导集体提出要坚持依法治国

---

❶ 邓小平文选:第2卷[M].北京:人民出版社,1994:143.
❷ 邓小平文选:第2卷[M].北京:人民出版社,1994:208.
❸ 邓小平文选:第3卷[M].北京:人民出版社,1993:306.
❹ 江泽民论社会主义精神文明建[M].北京:中央文献出版社,1999:115.
❺ 毛泽东邓小平江泽民论世界观人生观价值观[M].北京:人民出版社,1997:425.

与以德治国相结合,《中共中央关于加强社会主义精神文明若干重要问题的决议》(1996年)提出了社会主义思想道德的基本框架体系。

4. 胡锦涛关于意识形态工作重要论述

进入21世纪以来,以胡锦涛为总书记的党中央根据21世纪我国国情的新特点,就如何深入推进我国社会主义意识形态安全建设工作提出了以下观点:一是提出了科学发展观。胡锦涛提出了以人为本,全面、协调、可持续的科学发展观,科学发展观同样对意识形态工作具有较大的意义,它启发我们要发挥学生在意识形态工作中的主体地位。二是提出了社会主义核心价值体系。为了给中华民族的发展强大提供必要的精神力量和精神纽带,胡锦涛同志提出了社会主义核心价值体系。社会主义核心价值体系包括马克思主义指导思想、中国特色社会主义共同理想、以爱国主义为核心的民族精神和以改革创新为核心的时代精神、以"八荣八耻"为主要内容的社会主义荣辱观四方面内容。

5. 习近平关于意识形态工作重要论述

自党的十八大以来,以习近平同志为核心的党中央高屋建瓴,纵览全局,开创了意识形态工作新局面。习近平总书记紧密结合国内外历史条件的变化,以及我国意识形态领域出现的新问题、新情况,就如何维护意识形态安全提出了许多具有战略性、前瞻性和针对性的论断,就如何做好意识形态工作发表了一系列重要讲话,作出了一系列重要指导批示,形成了习近平关于意识形态工作的重要论述,用实际行动表达了对意识形态工作的高度重视,系统地回答了新时代我国意识形态工作的定位、原则、目标、要求等重大问题,为如何有效开展高校学生意识形态工作提供了根本遵循,指明了前进方向。

一是准确定位意识形态工作。如何科学界定意识形态工作在党的工作体系中的地位,是做好意识形态工作必须首先回答的问题,对此,习近平在全国宣传思想工作会议上强调:"经济建设是党的中心工作,意识形态工作是党的一项极端重要的工作。"❶ 这一重要论断阐明了经济建设与意识形态工作的关系，有力回应了经济建设与意识形态工作孰轻孰重、孰先孰后的争论。

二是提出意识形态工作的目标任务。确定工作方向、目标和任务是做好意识形态工作的前提条件，对此，习近平总书记旗帜鲜明地指出："巩固马克思主义在意识形态领域的指导地位，巩固全党全国人民团结奋斗的共同思想基础。"❷ 这也在很大程度上确定了高校学生意识形态工作的目标之一就是巩固高校学生马克思主义理想信念认同。此外，在习近平总书记看来，巩固意识形态领导权和话语权安全是做好意识形态工作的重要抓手，"我们必须把意识形态工作的领导权、管理权、话语权牢牢掌握在手中，任何时候都不能旁落，否则就要犯无可挽回的历史性错误"。❸

三是指明意识形态工作的本质体现。意识形态工作的本质体现是指如何确定意识形态工作成效的评定标准问题。在习近平总书记看来，培育践行社会主义核心价值观是认同我国主流意识形态的重要体现。他高度重视发挥社会主义核心价值观在意识形态工作中的作用，比如，"核心价值观是文化软实力的灵魂、文化软实力建设的重点。这是决定文化性质和方向的最深层次要素。一个国家的文化软实力，从根本上说，取决于其核心价值观的生命力、凝聚力、感召力"。❹ 习近平总书记还特别重视青年学生价值观的培养问题，在与北大学生座谈时，他将价值观的选择问题形象地比喻成"扣扣子"。

四是提出许多维护意识形态安全的具体途径。就如何具体做好我国意识形态安全防范工作，习近平总书记与时俱进地提出了许多行之有效的具体措施，比如，他高度重视占领好互联网意识形态工作阵地，他指

---

❶ 习近平谈治国理政 [M]. 北京：外文出版社，2014：153.
❷ 习近平谈治国理政 [M]. 北京：外文出版社，2014：153.
❸ 中共中央宣传部. 习近平系列重要讲话读本 [M]. 北京：学习出版社，2016：192.
❹ 习近平. 把培育和弘扬社会主义核心价值观作为凝魂聚气强基固本的基础工程 [EB/OL]. (2014-02-25) [2022-04-25]. http：//cpc.people.com.cn/n/2014/0225/c64094-24463023.html.

出:"没有网络安全就没有国家安全。"❶ 此外,他还特别重视打造具有中国特色的意识形态话语体系,"要加强国际传播能力建设,精心构建对外话语体系,发挥好新兴媒体作用,增强对外话语的创造力、感召力、公信力,讲好中国故事,传播好中国声音,阐释好中国特色"❷。

二、认同相关理论

本书研究的是网络"微"时代我国高校学生意识形态认同安全问题,"意识形态认同"是关键词,因此,我们必须把握认同的基本规律,以提升对策的针对性,有关认同的理论有受众理论、价值认同理论和文化认同理论。

(一)受众理论

受众理论是产生并主要运用在传播领域的基本理论。由于传播好意识形态是实现意识形态认同的重要条件,所以研究意识形态认同问题完全有必要借鉴传播学理论。再加上高校学生是我国主流意识形态传播的主要对象,所以,借鉴受众理论非常有必要。所谓受众是指信息传播的接收者,包括各类读者、听众、观众、网民。❸ 它主要包括以下三方面内容:一是个人差异论,由于个体之间的认知水平、性格态度有较大差别,因此不同个体对同一个信息传播的反应接纳效果有较大差别;二是社会关系论,受众所在的社会群体关系以及当时所处的社会环境会给受众形成压力,会影响受众对传播内容的接纳情况,比如,从众心理、随大溜现象;三是社会参与论,公民不只是信息的接受者,同时也是信息的传播者。

受众理论启示我们,在开展学生意识形态教育工作过程中,要注意以人为本,具体问题具体分析,充分考虑不同成长背景的高校学生个体

---

❶ 习近平. 习近平谈治国理政 [M]. 北京:外文出版社,2014:198.
❷ 学而时习. 加强国际传播能力建设,总书记要求下大力气 [EB/OL]. (2021 - 06 - 02) [2022 - 09 - 15]. http://www.qstheory/zhuanqu/2021 - 06/02/c_112752217.htm.
❸ 百度百科 [EB/OL]. [2022 - 04 - 25]. http://baike.baidu.com/view/188481.htm.

的差异，又要考虑高校学生这一特殊群体的群体特性差异。还要注意为高校学生学习主流意识形态营造良好的环境，尊重学生的主体地位，调动他们参与国家主流意识形态建设的积极性。

(二) 价值认同理论

根据马克思主义的观点，价值是某一客体的能够满足特定主体需要的属性。由于认同可以理解为是发生在不同个体之间（比如，高校意识形态教育者和高校学生）、集体和个体（比如，党组织与高校学生）之间的，是基于这种关系而形成的社会个人的身份认同感问题。从本质上说，正是人们对"我是谁""我的价值在哪里"问题的追问，才促使个体正确分析自己的价值。说到底，认同就是对个体意义感的界定问题，也就是说认同的核心问题是价值认同问题。价值认同是"人们在自己的社会实践活动中能够以某种共同的价值观念作为标准规范自己的行动，或以某种共同的理想、信念、尺度、原则为追求目标，并自觉内化为自己的价值取向"[1]。

价值认同具有以下特点：一是价值认同主体的平等交往性。每一个价值主体与其他主体之间的交往往往建立在自觉自愿基础上，如果将价值理念强加于主体之上往往效果不理想。二是价值认同具有过程性。价值本质是个人对未来理想信念的一种接纳和追求，一般是主体在多种理想信念中做出选择的过程。价值认同理论启示我们，为了提升高校学生对主流意识形态的认同，必须做好我国主流意识形态理论的宣传解释工作，让学生切身感受到这些理论与自己的价值追求相符、对自己有用，同时还要认识到意识形态教育工作的长期性，坚持常抓不懈。

(三) 文化认同理论

20世纪50年代初期，美国著名精神分析学家埃里克松提出了文化认同理论，在其看来，文化认同是指一个群体中的成员在民族共同体中长

---

[1] 贾英健. 认同的哲学意蕴与价值认同的本质 [J]. 山东师范大学学报（人文社会科学版），2006 (01)：13.

期共同生活所形成的对本民族最有意义的事物的肯定性体会认识,是对人的精神存在做出的价值肯定,它主要通过民族本身的特性、习俗以及生活方式,以"集体无意识"的方式流传至今,融合了人们的各种认同,从而阻止不同认同之间因部分认同的背离发生的文化冲突。

意识形态工作与文化的关系十分密切,它总是带有特定的文化烙印,网络微媒体中的各类文化产品都被嵌入了不同的意识形态,再加上在当前全球化不断加速的背景下,高校学生经常接触不同文化背景的社会个体,经常参与一些跨文化的交际活动,容易受其他文化的影响,他们对中华民族文化的认同因此受到影响,这就需要我们重视坚持以文化人,以文育人,就当前而言,要创设浓厚的高校意识形态教育文化氛围和文化环境,善于将中华优秀传统文化融入意识形态教育之中,不断丰富文化形式,不断坚定高校学生的文化自信。

第二章 新中国成立以来我国高校学生意识形态教育工作历史回顾

重视高校学生意识形态工作是我们党的优良工作传统和优势,"我们的意识形态教育一定要做到既不割断历史,又不迷失方向,既不落后于时代,又不超越阶段,使我们的事业不断从胜利走向胜利。"❶ 以新中国历史发展脉络梳理我国高校学生意识形态工作发展历程,总结基本经验,探寻发展规律,从而促进高校学生意识形态教育工作更好地沿着科学化轨道运行,不仅是历史赋予我们的责任,也是我们应对当前网络"微"时代我国高校学生意识形态认同新情况、新问题的内在要求。

第一节 新中国成立以来我国高校学生意识形态教育工作历史

高校学生意识形态工作的最终目的是培养"四有"新人,这是由我国高等教育的社会主义性质决定的,具体到新中国成立以来不同历史阶段,由于对当时社会主要矛盾以及国际形势的变化,加上对工作对象高校学生的定性和理解存在差别,新中国成立以来我国高校学生意识形态

---

❶ 江泽民. 全面建设小康社会,开创中国特色社会主义事业新局面——在中国共产党第十六次全国代表大会上的讲话 [N]. 人民日报,2002-11-18 (01).

教育工作呈现出阶段性特点，根据时代背景特点以及工作特点和实效，可将新中国成立以来我国高校学生意识形态教育工作的发展历史分为以下六个阶段：

一、探索起步阶段（1949—1956）

1949—1956年，我国处于社会主义过渡时期。新中国刚刚成立，国家意识形态领域情况异常复杂，在此背景下，此阶段我国意识形态工作的当务之急是树立科学的全新的工作目标和工作体系，使得全国人民迅速摆脱旧中国意识形态的影响，以统一全国人民的价值追求，使全国人民拥有共同的信仰和追求，从而为新中国建设凝聚力量，在此背景下，我国高校学生意识形态工作进入了艰难的探索起步阶段。

（一）确定目标方向

新中国成立伊始，作为刚刚执掌新的国家政权的中国共产党就着手制定国家高等教育政策，将我国高校意识形态工作目标定位为"肃清封建的、买办的、法西斯主义思想，发展为人民服务的思想为主要任务"。1949年3月5日，我国首次宣布将坚持民族的、科学的、大众的新中国高等教育发展方针，在所有高校停开"三民主义"课和"党义"课，并开始讲授马克思主义政治课。1949年12月6日，首届全国高教工作会议重申："高校培养目标应当是培养具有高度文化水平，掌握现代科学和技术的成就，全心全意为人民服务的高级建设人才。"[1] 这是新中国教育改革释放的重要信号，明确了新中国高校学生意识形态工作目标，也使得社会主义高校与旧中国高校有了明显的本质区别。1953年10月，中央明文指出：要"以共产主义精神教育青年，要教育青年成为'有文化科学知识、体魄健全、勇敢、勤劳和热爱祖国'的人"[2]，这为当时甚至为今

---

[1] 中共中央文献研究室.建国以来重要文献选编：第1册[M].北京：中央文献出版社，1993：10.

[2] 中共中央文献研究室.建国以来重要文献选编：第1册[M].北京：中央文献出版社，1993：491.

后较长一段时间内高校人才培养目标确定了方向。

(二) 创立教育管理机制

工作目标已经确定，相关制度的制定和机构的设置也就迅速启动。在1949—1956年的八年里，在正确的方针路线指引下，我国高校学生意识形态工作在建章立制方面取得了较大成效，逐步建立起了新的制度体系：一是建立了大学生政治工作规章制度，并启动了高校辅导员队伍建设。"1952年政务院批准全国工学院院长会议决议设立政治辅导员制度，……同年，教育部在《关于在高等学校有重点地试行政治工作制度的指示》中指出，为加强政治领导，改进政治思想教育，全国高等学校应有准备地建立政治辅导员制度。随后诸多高校逐步建立一支专门从事思想政治教育工作的政治辅导员队伍，这标志着我国高校政治辅导员制度的正式确立。"[1] 二是高校开始设立主管学生意识形态的工作机构。1953年10月，教育部通知要求所有高校必须建立政治辅导处，还对人员选拔来源、配备数量做出了明确要求。上述制度文件为此阶段高校意识形态工作开展提供了有力保障。

(三) 积极开展专项教育工作

我们党一直注重开展专项思想政治教育工作。从1953年起，我国在恢复国民经济之后颁布了过渡时期总路线，制定了《中华人民共和国宪法》。为了更好地推动该项工作在高校的开展，各地高校遵照中央文化教育委员会和教育部的指示精神，迅速开展了"党在过渡时期的总路线"的专项教育工作。与其他阶段不同，因新中国成立初期百废待兴，国家主要任务是实行三大改造，并尽快实现首个五年计划，需要大量人力物力，导致此段时间高校学生意识形态工作高度强调高校学生在政治运动与社会劳动中接受意识形态教育，开展了防止"修正主义"和让年轻人接受贫下中农的再教育活动。1955年8月，北京青年杨华等提出的"边疆区垦荒"申请获批并得到鼓励，再加上积极向苏联"老大哥"学习，

---

[1] 王道阳. 我国高校政治辅导员制度的历史演变 [J]. 思想教育研究, 2007 (05)：31.

受苏联开垦荒地做法的影响，"上山下乡"运动的序幕就此揭开，不少高校学生选择到农村和边疆垦荒。尽管该运动可能产生了意想不到的负面后果，但是它的确为高校学生的革命化、为培养和造就千百万无产阶级革命事业接班人做出了贡献。

客观地说，这段时间我国高校学生意识形态教育工作是成功的，它符合新中国成立后我国特殊国情，在今天看来，当时确定的工作目标方向和有关制度是科学合理的。当然由于新中国刚刚成立，没有现成经验可以借鉴，出现某些工作失误在所难免，对此，我们必须运用历史的观点做客观分析。

二、曲折发展阶段（1957—1965）

在社会主义改造基本完成后，原有的新民主主义社会阶段教育方针已不能适用于社会主义建设初期的需要，这就提出了如何制定新的教育方针的问题。可惜的是，由于受"左"倾错误思想的影响，在此阶段，以毛泽东为代表的中国共产党人在探索社会主义建设道路问题上出现了严重的教条主义偏差，对此阶段我国高校学生意识形态教育造成了严重影响，一些既定的正确路线方针被迫中断。

（一）明确意识形态工作功能

为进一步探索社会主义建设规律，1956年毛泽东发表了《论十大关系》，阐述如何处理意识形态与经济建设的关系。一年后，毛泽东发表了著名的《关于正确处理人民内部矛盾的问题》的重要讲话，重申要促进科学和艺术的发展，他强调："应该使受教育者在德育、智育、体育几方面都得到发展，成为有社会主义觉悟的有文化的劳动者。"❶ 在上述两个纲领性文件的指引下，1957—1966年十年间我国高校教育始终坚持"为无产阶级政治服务，与生产劳动相结合"的宗旨，1957年，我党开始开

---

❶ 中共中央文献研究室．十六大以来重要文献选编［M］．北京：中央文献出版社，2005：632．

展主题为"正确处理人民内部矛盾问题"的整风运动，主要内容为反对官僚主义、宗派主义和主观主义，得到了全国高校的积极响应，学习宣传参与整风运动成了当时高校学生意识形态教育的主要内容。

（二）开展"过激"的教育工作

为配合整风和反右派工作的开展，1957年12月，高等教育部、教育部印发了《关于在全国高等学校开设社会主义教育课程的指示》，要求各高校停开原有的四门政治教育理论课，并开设"社会主义教育"课程，导致原有科学教材体系被打破，学生正常系统的理论学习受到冲击，高校学生教育逐渐成为纯粹的以反右派斗争为中心的政治化教育，以工人农民为师，大鸣、大放、大字报、大辩论成了高校盛行的意识形态教育形式。此种现象很快引起了中央的高度关注，于是1961年教育部提出了"又红又专"的人才培养目标，要求"教育为无产阶级的政治服务，教育与生产劳动相结合"，客观地说，"又红又专"有利于提升学生的政治素质和专业素养，在当时的确起了积极作用，但在一定程度上背离当时社会的实际，剥夺了高校学生应有的受教育权利，造成了较大的负面影响。

总地来说，这段时间我国高校学生意识形态教育工作呈现曲折发展的特点，尽管有一定的成绩，但由于受"左"倾错误思想的影响，一些措施和口号偏离了当时的社会实际。

三、遭遇重大挫折阶段（1966—1976）

"如果说'文革'前党领导的意识形态工作还是在曲折中发展的话，那么到了'文革'时期，党的意识形态工作则遭到了全面的严重破坏"。[1] 此段时期，我国高校学生意识形态教育工作表面上是在提升高校学生思想政治觉悟，但实际上是背道而驰，以错误的内容和错误的方式禁锢高校学生的思维空间，最终导致偏离科学的培养目标、摧毁师资队

---

[1] 郭文亮.1949-1976：我国社会主义意识形态建设历史回眸[J].广州社会主义学院学报，2004（03）：10.

伍，社会主义主流意识形态教育的本真价值被异化，严重偏离了"又红又专"的既定方向，直接影响了几代青年学生的前途命运，给党和国家带来了不可估量的损失。

四、反思改进阶段（1977—1989）

"文化大革命"结束后，已被搅乱思想的高校学生迫切希望接受正确的思想价值观念，然而在"两个凡是"错误方针的影响下，高校学生的思想价值观念仍处于一定的困惑之中，而正是这种思想状态为后来的拨乱反正创造了较好的思想基础。我们党是一个善于总结历史教训的党，1978年，党的十一届三中全会召开，随即教育界的拨乱反正展开，我国高校学生意识形态工作逐渐步入了正常轨道，此段时期我国高校学生意识形态工作内容有：

（一）重新确立工作目标和方向

党的十一届三中全会从根本上冲破了长期"左"倾错误的严重束缚，此后，我国开始了各行各业的拨乱反正。1978年4月，邓小平在全国教育工作会议上强调："学校应该永远把坚定正确的政治方向放在第一位。"❶ 1980年12月，邓小平再次强调："要加强各级学校的政治教育、形势教育、思想教育，包括人生观教育、道德教育。"❷ 1987年5月，党中央印发的《关于改进和加强高等学校思想政治工作的决定》提出："高等学校培养出来的大学生、研究生，应当有坚定正确的政治方向，爱祖国、爱社会主义，拥护共产党的领导，努力学习马克思主义；应当热心于改革和开放，有艰苦奋斗的精神，努力为人民服务……还要从他们中间培养一批具有共产主义觉悟的先进分子。"❸ 这就重新科学地确立了高校学生意识形态工作的地位、目标和方向。

---

❶ 邓小平文选：第2卷［M］.北京：人民出版社，1994：66.
❷ 邓小平文选：第2卷［M］.北京：人民出版社，1994：369.
❸ 何东昌.中华人民共和国重要教育文献（1976-1990）［M］.海口：海南出版社，1998：617.

（二）启动相关学科研究

改革开放以来，随着社会各领域的深刻变化，不少高校学生对人的理想信念、人生价值等重大问题进行了深入思考，比如著名的潘晓来信事件，1980年5月，《中国青年》杂志刊登了署名为"潘晓"的来信，信中发出了"人生的路啊，怎么越走越窄……"的感慨，流露出来的彷徨、苦闷和怀疑，很快就引起了刚刚经历"文革"的高校学生的注意，紧接着全社会就展开了一场人生观的大讨论，这在一定程度上使得高校学生的思想观念更加复杂化。这种现状迫切要求高校加强学生意识形态教育学科化研究，正是在此背景下，1980年12月，中国科学院挂牌成立高校学生研究所，1981年10月该所在昆明组织召开了首次规模较大的、全国性的高校思想政治教育科学研究规划会议。全国不少高校不仅逐步恢复了马列主义课程设置和课程教学，还组建了马列主义教研室，尤其是1984年4月13日，教育部印发了《关于在十二所院校设置思想政治教育专业的意见》标志着思想政治教育作为一门学科正式设立。不久后，我国就建立起了专科、本科、研究生、第二学位人才培养体系，为建设高校学生意识形态教育专业化队伍创造了良好条件。

（三）加强工作队伍建设

为总结十年动乱教训，此段期间，我们党尤其注重工作队伍建设，积极完善领导制度。新中国成立以来，我国高校实行了不同的领导制度，1950—1956年实施的是校（院）长负责制，中共八大以后实行的是党委领导下的校务委员会负责制，1961年开始实行党委领导下的校长为首的校务委员会负责制。1978年，教育部相关文件首次明确规定："高校试行'党委领导下的校长分工负责制'。"该体制突出了党委在高校的作用，为尽快消除"文革"给高校意识形态领域带来的负面影响发挥了积极作用。经过1980—1983年四年的调整，我国高等学校领导班子状况得到了很大改进，举国上下同心协力重视做好高校党建的工作格局已经初步形成。此外，这段时间我国高校学生思想政治工作队伍建设取得了显著成绩，1980年4月，教育部、共青团中央联合印发的《关于加强高等学校学生思想政治工作的意见》指出："加强学生的思想政治工作，必须建立一支坚强的、有战斗力的政治工作队伍。"还规定高校学生政治工作干部要具有"双重身份与地位"。

(四) 不断完善教育方式和教育手段

自党的十二届六中全会以来，随着各地高校逐渐恢复正常的教学秩序，高校学生意识形态教育工作重新步入正轨，并且工作方式手段不断完善。首先，教育内容体系不断丰富，突出了形势政策教育。1986年7月，中宣部等部门联合印发了《关于对高等学校学生深入进行形势与政策教育的通知》，要求各高校有针对性地开展形势政策教育。1988年5月，国家教委印发的《关于高等学校开设〈形势与政策〉课的实施意见》明确了实施标准、要求和具体措施。其次，高校学生意识形态工作方式方法得以改进，逐渐改变了传统运动式的、口号式的、疾风暴雨式的工作方式方法。不少工作者积极采用说服、引导渗透和寓教于乐的教育方式，不少高校组织开展了喜闻乐见的文体活动和社会实践活动，无形中增进了高校学生对主流意识形态的认同。1983年，团中央、全国学联发出的《关于纪念"一二·九"运动四十八周年开展"社会实践周"活动的通知》中首次提出了"大学生社会实践活动"的说法，从此，大学生社会实践活动作为高校一种意识形态教育的有效形式沿用至今。

我们还必须看到，此阶段高校学生意识形态教育工作存在较大失误。由于随着国门打开，资产阶级自由化思潮趁机而入，再加上一些人别有用心地利用改革开放中出现的失误以及党肌体存在的腐败问题，鼓吹西方资产阶级制度和价值观，主张"全盘西化"，给高校学生意识形态工作带来了极大隐患，给后来工作留下了深刻教训。对此，邓小平同志在总结改革开放以来所出现的失误时强调："十年最大的失误是教育，主要是思想政治教育"。❶

总之，反思改进是此阶段我国高校学生意识形态教育工作的整体特

---

❶ 邓小平文选：第3卷 [M]. 北京：人民出版社，1993：306.

点,它为此后的工作开展积累了一些经验,打下了基础,但也留下了深刻教训,那就是如果放松党对高校意识形态工作的领导权、弱化高校学生意识形态教育,必然会付出极大代价。

五、全面发展阶段(1990—2011)

自20世纪90年代起,我国高校学生意识形态教育作为一种相对独立和完整的教育形态也进入了新阶段。从1990年至党的十八大召开的二十多年间,我国处于由传统计划经济向市场经济转轨时期,面对国际形势的风云变幻以及国内外各种思潮的相互激荡,党和国家高度重视高校学生意识形态工作,取得了以下丰硕成果。

(一)高校学生意识形态工作体系得以科学规划

为科学规划新形势下高校学生意识形态工作体系,以应对时代要求,1994年,党中央、国务院召开的第二次全国教育工作会议提出,要进一步加强和改进高校德育的内容、途径和方法,特别强调要不断完善高校德育工作的管理体制和机制。为贯彻落实中央文件精神,1995年,国家教委颁布试行的《中国普通高等学校德育大纲》,全面规划了新形势下中国特色社会主义高校德育管理体制和机制。1998年,中宣部、教育部出台的《关于普通高等学校"两课"课程设置的规定及其实施工作的意见》强调,要进一步加大"两课"教育教学改革力度,积极做好邓小平理论进教材、进课堂、进头脑的"三进"工作。1999年,党中央印发的《关于深化教育改革全面推进素质教育的决定》强调"四育"的问题,提出要把德育、智育、体育、美育渗透到各类教育活动中。2004年,中共中央国务院《关于进一步加强和改进大学生思想政治教育的意见》指出:"高校学生意识形态教育要全面贯彻党的教育方针,全面推进素质教育。"在上述文件的指导下,全国各地高校积极落实学生意识形态教育目标,高校实现了二十多年的稳定。

(二)课程体系不断优化

为推进马克思主义的中国化、时代化和大众化,巩固其对高校学生思想的引领作用，2003年，教育部下发的《普通高等学校"两课"教学基本要求》指出，要不断提升"两课"教育教学的针对性、实效性。自党的十五届六中全会以来，以胡锦涛为总书记的党中央高度重视高校学生政治教育工作，部署开展了高校思政课课程体系的第四次调整和改革，这就是21世纪以来的"05方案"，要求所有高校开设《马克思主义基本原理》《毛泽东思想、邓小平理论和"三个代表"重要思想概论》《中国近现代史纲要》《思想道德修养与法律基础》四门课，高校马克思主义理论课建设呈现出崭新局面。针对思政课教材和教辅材料编写中出现的混乱问题，2006年，教育部办公厅印发《关于进一步加强高等学校思想政治理论课教材编写管理、规范教材使用的通知》，要求规范高校思想政治理论课教材的出版工作，确保思政课教材的科学性、权威性和严肃性。此外，此段时间相关学术研讨会相继举行，自2005年起，清华大学每年举办全国高校马克思主义学院院长论坛，北京大学还成功举办了世界马克思主义大会，为全国马克思主义理论一级学科建设营造了更加浓厚的氛围。

（三）教育渠道和途径不断创新

20世纪90年代以来，高校越来越重视课堂教学在学生意识形态教育中的主渠道作用，除了不断提升"两课"实效外，还相继开设了一系列颇具特色的相关人文类课程。与此同时，校园文化、大学生社会实践、网络教育、高校团校、高校党课、"大学生志愿服务西部"计划、大中专学生暑假"三下乡"等一批新的教育形式应运而生，特别是21世纪以来，高校网络思想政治教育工作取得新突破，辽宁大学的"学生在线"等一大批有关高校学生意识形态教育网站应运而生。

（四）队伍建设进一步加强

此段时间，各地高校注重不断优化高校意识形态工作队伍。各地高校在加强包括党员干部、辅导员和班主任在内的学生意识形态教育队伍建设的基础上，还将思政课和哲学社会科学课教师纳入学生意识形态工作队伍之中，提升工作队伍的专业化和职业化水平，1999年至今，教育部会同有关部门开展了高等学校"两课"教师在职攻读硕士学位工作，培养了沈壮海、刘建军等一大批思政治课教学名师和学术带头人。一些高校还扩大了意识形态工作队伍遴选范围，聘请劳动模范担任兼职辅导员，还以工作保研的形式遴选优秀学生干部担任学生辅导员。为进一步加强高校辅导员队伍建设，教育部先后下发了《关于加强高等学校辅导员班主任队伍建设的意见》和《普通高等学校辅导员队伍建设规定》，在意识形态工作人员的工作要求与职责、配备与选聘、培养与发展等方面做出了严格要求，正是得益于上述工作，我国已初步建成一支结构合理、素质较高的高校意识形态工作队伍。

总之，我们党是一个非常善于总结历史经验教训的党，世纪之交我国高校学生意识形态教育工作进入了全面发展阶段：队伍不断壮大，制度不断完善，等等，为进入党的十八大后的"巩固完善"阶段打下了坚实基础。

六、巩固完善阶段（2012年至今）

从实际出发，与时俱进是我们党的优良工作传统和作风。党的十八大以来，面对意识形态领域斗争的日益激烈化和复杂化，为牢牢把握高校意识形态工作的领导权、管理权和话语权，使高校始终坚持社会主义办学方向，并更好地发挥自身功能，我们党对症下药，顺势而为，不断调整完善工作思路和措施，坚持教师意识形态工作与学生意识形态工作同步推进，坚持网上意识形态教育与网下意识形态教育协同发展，坚持遵循规律和把握方向相得益彰，坚持学习借鉴国外经验同保持中国优势有机统一，高校学生意识形态教育工作进入了巩固完善的"黄金"时期。

（一）方向为先，科学制定高校意识形态工作目标和战略任务

方向是旗帜，是立场，在高校意识形态工作诸多环节和内容中，方向问题是最重要、最该优先考虑的问题，它不仅关系到"培养什么样的人、如何培养人"，还关系到"为谁培养人"的问题。党的十八大以来，为保证工作的正确方向，防止出现偏差，我们党坚持方向为先，为高校

意识形态工作制定了科学的目标和任务：一是提出了高校教师和学生的培养目标。二是制定了一系列相关的工作目标和原则。2016年12月，习近平总书记在全国高校思想政治工作会议上强调："要坚持把立德树人作为中心环节，把思想政治工作贯穿教育教学全过程，实现全程育人、全方位育人。"❶ 2017年2月，中共中央、国务院印发了《关于加强和改进新形势下高校思想政治工作的意见》；2017年10月，党的十九大报告提出要"牢牢掌握意识形态工作领导权"；2019年3月，习近平总书记在学校思想政治理论课教师座谈会上指出，办好思想政治理论课，最根本的是要全面贯彻党的教育方针，解决好培养什么人、怎样培养人、为谁培养人这个根本问题。❷ 2021年4月19日，习近平总书记考察清华大学时指出，一流大学建设要坚持党的领导，坚持马克思主义指导地位，全面贯彻党的教育方针，坚持社会主义办学方向，抓住历史机遇，紧扣时代脉搏，立足新发展阶段、贯彻新发展理念、服务构建新发展格局，把发展科技第一生产力、培养人才第一资源、增强创新第一动力更好结合起来，更好为改革开放和社会主义现代化建设服务。❸ 上述措施既指明了新时代高校意识形态工作的前进方向，也为开展新时代高校意识形态工作提供了行动指南。

（二）队伍为重，高度重视高校意识形态工作队伍建设

思想政治工作本质是做人的思想工作，意识形态工作属于思想政治工作中的政治教育，其对教育主体素质有更高要求，教育主体的工作能力和水平直接关系到工作成效。我们党始终高度重视高校意识形态工作队伍建设，2019年3月18日，习近平总书记在学校思想政治理论课教师座谈会上指出，要配齐建强思政课专职教师队伍，建设专职为主、专兼

---

❶ 习近平：把思想政治工作贯穿教育教学全过程 [EB/OL]. (2016-12-08) [2022-04-25]. http://www.xinhuanet.com/politics/2016-12/08/c_1120082577.htm.

❷ 习近平主持召开学校思想政治理论课教师座谈会 [EB/OL]. (2019-03-18) [2022-04-25]. http://www.gov.cn/xiwen/2019-3/18/content_5374831.htm.

❸ 坚持中国特色世界一流大学建设目标方向 为服务国家富强民族复兴人民幸福贡献力量 [N]. 人民日报, 2021-04-20 (01).

结合、数量充足、素质优良的思政课教师队伍……在思政课教师选用、管理、考核中要严把政治关、师德关、业务关，解决好学风问题。[1]为打造一支政治过硬、业务精通、结构合理的高校意识形态工作队伍，我们党采取了以下措施：一是出台了多个相关重要文件，2013年6月，教育部制定《普通高等学校思想政治理论课教师队伍培养规划（2013－2017年）》；2014年3月，教育部出台《高等学校辅导员职业能力标准（暂行）》；2016年7月，教育部成立2016—2020年高等学校思想政治理论课教学指导委员会。二是建立了较为完善的意识形态工作队伍教育培训体系，逐步构建起全方位、体系化的教师培养培训体系，组建41个全国高校思政课教师研修（学）基地、32个"手拉手"集体备课中心，开展常态化培训研修，每年培训教师近6000人。一体化推进青年马克思主义人才培养，2019年起设立马克思主义理论本科专业，将马克思主义理论学科纳入"国家关键领域紧缺高层次人才培养专项招生计划"。2021年，教育部举办了第二届全国高校思政课教学展示暨优秀课程观摩活动，网络直播观看量超过34万次。为表彰高校优的思政课教师和马克思主义理论学科在校学生，中国教师发展基金会设立了专门的奖励基金。此外，为促进辅导员队伍的专业化、职业化发展，自2012年至今，教育部每年组织30多期全国高校辅导员骨干示范培训班，每年都举办全国高校辅导员职业技能比赛，不少省市和高校每年都举行辅导员职业技能比赛。

得益于上述措施，我国高校意识形态工作队伍不断发展壮大。根据教育部发布的数据，截至2021年底，高校思政课专兼职教师超过12.7万人，较2012年增加7.4万人，比2018年增加5万多人，队伍配备总体达到师生比1∶350的要求。专职思政课教师年轻化成为队伍发展新态势，49岁以下教师占77.7%，具有高级职称的占35%。[2]

---

[1] 习近平主持召开学校思想政治理论课教师座谈会 [EB/OL]. (2019－03－18) [2022－04－25]. http://www.gov.cn/xinwen/2019－03/18/content_5374831.htm.

[2] 我国高校思政课专兼职教师超12.7万人 [EB/OL]. (2022－03－17) [2022－04－25]. https://www.eol.cn/news/meeting/202203/t20220317_2215580.shtml.

（三）导向为魂，坚持不断壮大高校主流思想舆论

宣传思想工作有利于引领整合社会思想意识，有利于巩固马克思主义在意识形态领域的指导地位。因此，把握好正确的宣传舆论导向，合理引导高校主流思想舆论是高校意识形态工作的基础和灵魂。党的十八大以来，我国高校始终把管好导向、管好阵地摆在工作的重中之重，不断加大对宣传思想阵地的人力和财力投入，不断完善宣传工作体系：一是积极打造健康向上的思想阵地。党的十八大以来，除了切实加强对高校校园文化、社会实践的引导，高校还不断推进校报校刊、广播电视等传统媒介与微信、微博等新媒体的融合，一些高校还采取了创新性的做法。比如，2016年，北京科技大学举行了我国高校首个学生理论社团奖学金——"时代凌宇，求是理论奖学金"捐赠仪式。二是注重发挥主流媒体对工作先进典型的宣传推广。比如，教育部每年都举行辅导员年度人物评选。中宣部、教育部、共青团中央等部门每年都举行中国大学生年度人物评选活动，2012年以来，人民日报、光明日报、中国大学生在线都会积极宣传上述评选活动和先进典型的事迹。近年来，教育部每年都举办高校校园文化建设优秀成果评选活动，光明日报等媒体对获奖成果进行了积极宣传。2021年9月9日，由中共辽宁省委宣传部、辽宁省教育厅等单位联合拍摄的电影《守望青春》在大连海事大学举行了首映式，该电影以大连海事大学教授曲建武为原型，此后在北京师范大学、北京大学、清华大学等高校放映。一些理论宣讲栏目也受到全社会的热捧，比如，上海电视台东方卫视的《这就是中国》、山东广播电视台联合主办的《宣讲时间》、江苏省广播电视总台参与制作的《马克思是对的》、南京广播电视集团承担制作的《思想的力量》，等等，这些栏目不但营造了浓厚的理论学习氛围，更以新颖的形式让党的创新理论"飞入寻常百姓家"。

（四）学科为引，不断提升高校意识形态工作科学化水平

全面把握工作对象特点以及工作规律，是高校意识形态工作应遵循

的要求。为加强对高校意识形态工作规律的研究,提高工作的科学化水平,党的十八大以来,党和国家注重发挥学科的龙头牵引作用,采取了以下措施:一是加大学科建设力度。经过数十年的努力,当前我国高校已建成马克思主义理论37个一级学科博士点、74个二级学科博士点和176个一级学科硕士点,全国高校普遍成立了独立的思政课教学科研机构,全国有400多所高校建立了独立马克思主义学院。❶ 二是加大对相关科研的支持力度。教育部和各省市每年都组织高校思想政治工作专项课题的申报工作,中宣部、共青团中央同样每年都会组织有关意识形态工作课题的申报评选。三是不断完善高校思政课教材体系。党的十八大以来,有关主管部门和高校认真贯彻落实习近平总书记"紧紧围绕编好教材、建好队伍、讲好课程"的总要求,积极组织编写教材和配套教学资料,与此同时,地方高校也有所创新,比如,无论是复旦大学开设的"治国理政",上海交通大学开设的"读懂中国",还是同济大学开设的"中国道路",一批"火"起来的"中国系列"思政课让"活"起来的思政课兼具历史的视野和时代的气度,得到了高校学生的追捧。

(五)渠道为要,坚决守好高校意识形态教育主战场

思想政治理论课是高校意识形态工作的主渠道、主战场。党的十八大以来,为提升高校意识形态工作的针对性和实效性,我们党采取了以下行之有效的措施:一是加强对思政课、讲坛等高校意识形态教育渠道的管理。比如,2014年9月,习近平总书记在与北京师范大学师生代表座谈时要求"广大教师用好课堂讲坛,用好校园阵地"❷。2015年1月,时任教育部部长袁贵仁表示,决不能让传播西方价值观念的教材进入高校课堂;决不允许各种攻击诽谤我们党的领导、抹黑社会主义的言论在

---

❶ 赵婀娜,张烁.党的十八大以来高校思想政治工作综述[N].人民日报,2016-12-07 (04).

❷ 习近平.做党和人民满意的好老师——同北京师范大学师生代表座谈时的讲话[N].人民日报,2014-09-10 (01).

高校课堂出现；决不允许各种违反宪法和法律的言论在高校课堂蔓延；决不允许教师在高校课堂上发牢骚、泄怨气，把各种不良情绪传导给高校学生。❶ 二是不断推进高校思政课教学改革。2015年9月，教育部印发了《高等学校思想政治理论课建设标准》。最近几年，教育部每年都组织高校思想政治理论课教学方法评选工作，并呈现了一些好的做法，复旦大学等上海高校大胆开拓，积极推进"课程思政"教育教学改革，逐渐形成了新型课程体系。此外，还提升了对思政课实践环节的重视，2017年5月，教育部下发《关于高校组织思想政治理论课主题学习实践活动的通知》，有力促进了高校学生日常思想政治教育和思政课课堂教学的有机融合。2020年，北京市举办首届北京高校教书育人"最美课堂"评选活动，活动分为"思政课程组"和"课程思政组"两组，以教学实效作为主要依据，不断推进高校思政课教学改革。

（六）制度为基，努力夯实高校意识形态工作制度基础

意识形态工作是一项具有长期性、复杂性和艰巨性的系统工程，必须着眼长远，建立规范的制度体系和长效机制。党的十八大以来，为夯实制度基础，我们党制定了以下相关制度：一是完善了领导体制和责任机制。二是积极建立监督治理机制，2014年9月，教育部制定《关于建立健全高校师德建设长效机制的意见》，提出了包括加强师德宣传、健全师德考核、强化师德监督、注重师德激励、严格师德惩处等内容的师德建设长效机制，设置了师德建设红线，实行师德一票否决制。为阻止非主流意识形态通过网络在高校师生中扩散，不少高校提高了师生微博、微信公众平台的申请门槛，实施了校园微信实名登记备案制度。

---

❶ 袁贵仁：守好政治法律道德三条底线 [EB/OL]. (2015 - 01 - 30) [2022 - 09 - 15]. http://edu.people.com.cn/n/2015/0130/c1006 - 26477205.html.

第二节　新中国成立以来我国高校学生
意识形态教育工作的启示

回顾历史，我们就不难发现，我国高校学生意识形态教育工作总体呈现不断发展完善的态势：工作队伍不断扩大，工作制度不断完善，工作手段不断丰富，工作效果日益显著，当然其间也发生过短暂的曲折，但是这不影响主流。总结相关经验，把握相关规律，有利于提高工作效益，能避免走上歪路、邪路，以保持工作的延续性和稳定性。不管时代如何变化，我国高校学生意识形态教育的工作目标、工作主体、工作对象依然不变，变化的是主流意识形态的具体内容，因为马克思主义中国化最新理论成果不断产生，工作环境不断变化，以及工作手段和方法不断变化。正是基于上述变与不变的考虑，我们需要认真借鉴新中国成立以来我国高校学生意识形态工作的经验，并从中得出启示。回顾新中国成立以来我国高校学生意识形态工作的历史，我们不难得出以下启示。

一、始终坚持以马克思主义引领高校学生意识形态工作

习近平总书记指出："宣传思想工作就是要巩固马克思主义在意识形态领域的指导地位，巩固全党全国人民团结奋斗的共同思想基础。"[1] 新中国成立七十三年来我国高校意识形态工作的历史雄厚表明，只有坚持用马克思主义引领高校学生意识形态工作，我们的高等教育事业才能取得进步，否则就会遭遇重大挫折。"文化大革命"时期，正是由于放弃了马克思主义在意识形态领域的指导地位，才使高校学生意识形态工作遭遇重大挫折。在其他时期尤其是21世纪以来，正是因为坚持马克思主义

---

[1] 习近平. 意识形态工作是党的一项极端重要的工作［EB/OL］. (2013-08-20)［2022-04-25］. http://www.xinhuanet.com/politics/2013-08/20/c_117021464.htm.

在高校意识形态领域的指导地位，我国高校意识形态工作才不断取得成功。所以，今后高校必须始终把正确思想引领放在极其重要的位置，坚持以马克思主义指导高校学生意识形态教育，做到旗帜鲜明，方向不偏，使高校学生意识形态教育工作沿着正确方向不断前进。此外，还要活用马克思主义尊重客观规律与发挥主观能动性相统一的观点，实事求是分析高校意识形态工作中存在的问题，严格遵循意识形态自身发展规律，正确区分政治斗争与学术争鸣。

二、确保党始终掌握对高校学生意识形态工作的绝对领导权

高校学生意识形态工作事关重大，是一项战略工程、固本工程、铸魂工程。毛泽东同志多次指出："没有共产党的领导，就不可能有彻底拥护人民利益的军事工作和政治工作……"❶ 历史证明，我们什么时候加强了党的领导，高校学生意识形态工作就会呈现良好的态势；一旦淡化了党的领导，高校学生意识形态工作就会遭受重大挫折。改革开放初期，由于很多高校实行的是校长负责制，党在高校学生意识形态教育工作中的地位被削弱，以致出现了三次资产阶级自由化的思潮。但自1990年以来，由于高校实行的是党委领导下的校长负责制，党在高校学生意识形态教育工作中的地位重新被巩固，高校已连续几十年保持基本稳定。"坚持党对一切工作的领导。"❷ 因此，必须始终实行党委领导下的校长负责制，高校党委要将学生意识形态教育工作融入人才培养、科学研究、社会服务、文化传承创新等过程，积极在全校形成"党委统一领导、党委行政齐抓共管、宣传部门牵头协调、相关部门分工负责、基层组织具体落实、全校师生共同参与"的意识形态工作格局，从而确保党牢牢把握高校学生意识形态工作的领导权、管理权和话语权。

---

❶ 中共中央党校毛泽东思想研究室编选组.思想政治工作文献选编[M].北京：中共中央党校出版社，1989：49.

❷ 习近平.决胜全面建成小康社会，夺取新时代中国特色社会主义伟大胜利[M].北京：人民出版社，2017：18.

三、坚持求真务实开展高校学生意识形态教育工作

首先，要从社会发展实际出发确定高校学生意识形态工作任务，要实事求是根据不同时期国家总的任务与要求，以服务国家建设为目的。回顾历史就会发现，我国善于根据不同历史阶段的特点确定高校学生意识形态教育任务。比如，新中国成立初期，针对旧中国遗留在意识形态领域的封建的、买办的思想，我国确定了民族的、科学的、大众的为新民主主义教育方针。21世纪初，胡锦涛同志指出："各级党委和政府，要热情关怀青年，正确引导青年，严格要求青年，努力把青年一代培养成为有理想、有道德、有文化、有纪律的社会主义新人。"[1] 其次，要注意从高校学生实际出发开展工作，这也是践行以人为本的科学发展观的重要体现，更是从新中国成立以来我国高校学生意识形态教育工作实践中得出的一条重要经验。

四、坚持与时俱进创新高校学生意识形态教育工作方法

回顾历史不难发现，新中国成立以来尤其是21世纪以来，我国高校学生意识形态工作方式方法一直在不断创新之中，比如，随着互联网、大数据等科技的引进普及，我国各级教育主管部门和高校顺势而为，注重在高校学生意识形态工作中发挥科技作用，积极开发网上教育资源，全国各地都开设网上党校、网上团校、慕课、爱课堂等一批包含网络思政课的网络平台，积极利用新科技改进教学方法，比如，清华大学实行了思政课"雨课堂"教学，在教学课件中巧妙地嵌入了信息技术，有力地加强了学生课外预习与教师课堂教学的联系，电子科技大学研发了一个服务于学生大学四年的网络育人的智能化平台"面聊"软件。因此，我们今后要继续坚持与时俱进创新工作方式，高校要不断探索新的教育方法，尤其要敢于善于利用各类网络媒体开展学生意识形态教育。要在

---

[1] 胡锦涛. 发扬伟大的爱国主义精神为建设有中国特色社会主义努力奋斗——在五四运动八十周年纪念大会上的讲话 [N]. 人民日报，1999-05-05 (01).

高校学生意识形态工作中不断采用新科技，要继续加大宣传主流意识形态的微平台建设和多媒体电视网络建设，加速相关新科技的研发，不断促进新科技与高校意识形态工作的融合，积极利用大数据、云计算等新科技加强对高校学生思想行为动态的研究，不断提升工作的针对性、实效性和吸引力。

五、不断优化高校意识形态工作队伍建设

首先，要重视提高工作者的政治素质。做好高校学生意识形态工作离不开一支高素质的学生思想政治教育工作队伍。新中国成立以来，我国高校一直都重视提高思想政治工作者的综合素质，这也成为新中国成立以来高校学生意识形态教育的一条重要经验，此外，要提高高校学生意识形态教育工作者的政治素质。其次，要注重促进高校辅导员队伍的职业化发展。邓小平曾强调："思想政治工作和思想政治工作队伍都必须大大加强，决不能削弱。"❶ 我国高校辅导员队伍建设不断发展壮大，并且正朝着专业化、职业化的目标迈进，辅导员在高校学生意识形态工作中的地位不断提高，作用不断凸显，他们的职业认同感和归属感也不断增强。今后我们要不断加强辅导员队伍建设，通过完善培训体系、提升待遇、完善职称晋升等途径，促进辅导员职业化发展，提升他们的职业自豪感和归属感，使他们真正成为高校学生意识形态工作的中流砥柱。

---

❶ 邓小平文选：第3卷 [M]. 北京：人民出版社，1993：145.

第三章　网络"微"时代我国主流意识形态信息传播特点

研究网络"微"时代我国高校学生意识形态认同问题，首先要厘清网络"微"时代与高校学生意识形态认同之间的关系，这也是本书的重点内容。在本章我们要解析网络"微"时代并探讨网络"微"时代意识形态信息的传播特点。

第一节　网络"微"时代的解析

网络"微"时代是一个比较新的概念，科学界定网络"微"时代的含义，并科学分析其特性和形式是本书的重要内容，是提出巩固网络"微"时代我国高校学生意识形态认同措施的基础。

一、网络"微"时代的内涵

从字面上看，"微"是"细小"的意思。但是在名词"微时代"中，"微"并不是"小"，更不是"微不足道"，而是指一种生动、即时、自由乃至碎片化的信息传播方式，一种更具沟联性、娱乐性以及个性化的生活形态，一种更加回归自我的审美机制。"微"时代是一个蕴含着文化传播、人际交往、社会心理、生活方式等多种复杂语义的时代命题。"❶我们可从以下几个角度深入理解它。

从受众角度来说，高校学生都可以被称为"微网民"，他们在自己的世界里做着一些看似并不起眼的事情，在较小的范围内发出看似微小的声音，但是当这些分散的细小的声音、力量有机地汇聚在一起的时候，必然会产生巨大的叠加效应，甚至对整个社会舆论产生不可预测的影响。

从产生基础来说，随着微信、微博等社交媒体的不断出现，以及智能手机的不断普及，再加上微公益、微视频、微小说等微应用的不断推广，高校学生进入了这样一个丰富多彩的"微"时代。

从所包含的内容来说，"微"时代既包含各种微公众平台，又包含各种形式的内容载体，主要有微博、微信、APP等相关微平台的应用，还有微视频、微公益、微语录、微阅读、微电影、微小说、微社区等表现形式。

综上所述，我们可以将"微"时代理解为"依托移动互联网技术，借助智能手机等便携式移动终端，以微博、微信等应用软件为基本载体，以微视频、微公益、微阅读、微课等为表现形式，人人都是信息传播者和接受者的推动社会向前发展的新传播时代"。

二、网络"微"时代的特点

网络"微"时代是与传统大众传播时代相对应的，两者之间有显著区别，传统大众传播时代具有高大全的叙事风格，信息内容完整性强、篇幅较大的特点，具有互动性不够、时效性不强的劣势，而网络"微"时代具有以下特点。

（一）信息主体的泛在化

"网络是一个不需要护照，没有边防检查站的、出入通畅的数字化王

---

❶ 杨威．"微时代"中思想政治工作如何突破 [J]．思想政治工作研究，2010（4）：28．

国。"[1] 得益于移动网络和智能手机的迅猛发展，网络"微"时代呈现出明显的信息提供主体泛在化的特点，任何人随时可在有网络信号的场域发布信息，无关身份和文化水平，表现出很强的草根性，也就是说与传统媒体平台来比较，网络微环境拥有"发言门槛低"等优势，在它面前，人人享有平等的传播信息和发表观点的权力。在网络微环境中，每个用户既是信息传播者也是信息接收者，人人可以登录微信、微博等手机客户端交流信息、浏览新闻，甚至参与微公益活动，人人都成了记者、编辑，人人都手持麦克风，网络微媒体中的许多资讯都由个人发布，由此也导致信息提供者数量的剧增，比如，在微博和微信朋友圈中，不管文采、主题和逻辑结构如何，每个人的经历、感受甚至是某一瞬间的生活场景都可以成为信息内容，都有可能引发他人围观评论。

（二）信息内容的碎片化

"碎片化"，英语单词为"Fragmentation"，20世纪80年代经常出现在后现代主义研究文献中，本意指完整的东西被切割成诸多零块。如今，该词已被广泛应用于政治学、传播学、社会学和传播学等领域。随着"互联网+"技术的发展，网络微媒体上信息内容的碎片化特征越来越明显，原因有二：一是网络微媒体中各类移动便携的终端扮演了信息传输的主角，比如，单条微博最大的信息容量为140个字符，从而使得网络上那些容量大、时间长的内容只能在被分为若干个小块后才能被传播。二是当前社会生活的节奏很快，人们难得有较长的集中时间来浏览微媒体上的信息，不太可能有大量时间来接受大篇幅的影视作品，更青睐"快餐式"的文化消费内容，而网络微媒体则恰好满足了用户的这一需求，诸如微信，在候车、午休时都可以登录并发布信息，在这种情况下，原有的"长、宽、多"的传播内容已难以适应时代要求，而碎片化的信息内容更受青睐。于是我们就经常发现，微信、微博等微媒体一般都会以

---

[1] 杜骏飞.沸腾的冰点——2009 中国网络舆情报告［M］.杭州：浙江大学出版社，2010：408.

碎片化的片段信息来陈述事实，常常会是一段文字、一张图片甚至可能是一个表情符号，呈现出明显的间断性、碎片化特征。

（三）信息传播的裂变性

网络微环境中信息传播的裂变性是指信息传播速度的快捷性和传播范围的急剧扩大性，该特性是由网络微媒体的交互性延伸而来的，具体地说是微媒体的转发、分享功能带来的信息传播的高效。网络微环境中，信息传播逐渐呈现"去中心化"的特点，摆脱了传统媒体的自上而下、一对一的单向式传播，展现出网状结构传播，每一个人都可以成为信息的发布站点，比如，当一个用户在自己的微信朋友圈里发布一条信息后，关注他的用户就可以很快地将该信息转发到自己的微媒体中，其他感兴趣的用户看到后，会二次转发到自己的微信圈甚至微博中，依此类推，这条信息的传播速率就会呈几何级数增长，尤其是在紧急事件发生时或者在特定节点，网络微环境这一特点表现得最为明显。

（四）环境文化的世俗化

文化的世俗化是网络微环境的一大突出特点，这里的文化世俗化是指网络微环境中网民更加关注世俗生活中的微小事件，关注对象和内容更具有草根化和平民化的特点，比如，"晒"已成为网络微环境世俗化的一个显著表征，凡是和网民世俗生活相关的内容几乎无所不包，晒成绩、晒自拍、晒"狗粮"就是很好的例证。另外，由于当前我国正处于社会急剧转型期，新一轮的社会全面改革正步入深区，大众利益逐渐出现分化，价值观念趋于多元化，一些非主流的庸俗甚至低俗的信息充斥网络微环境，加剧了网络微环境的世俗性。此外，鉴于微环境的虚拟性和隐匿性，网络微环境中的网民没有了性别、职业、地域、社会地位等差别，容易隐藏个人真实形象，容易下意识地认为隔着屏幕与自己交流的网民与自己地位平等，因此放松了自我约束，使得网民的信息表达相对会更加随性，更倾向于自由地发表自己的真实观点，这也增加了网络微环境的世俗化。

三、网络微媒体的主要表现形式

网络"微"时代的主要表征为网络微媒体。随着当前网络信息技术的飞速发展，各种新媒体不断涌现并不断更新换代，当前微媒体的主要形式有微信、微博、陌陌、微小说、微公益、微视频等。根据在高校学生中的普及程度以及与意识形态的关联性程度，再加上篇幅有限，本书只分析微博、微信、微视频、微公益、抖音等五种网络微媒体和微应用。

（一）微博：开启网络"微"时代的先锋

微博是微型博客的简称，英语单词为"Micro Blog"，也被有些网民亲切地称为"围脖"，它是一种非正式的迷你型博客，本质是一个建立在用户关系上的分享、传递信息的新型社交平台，博主可通过手机、电脑中的E-mail、QQ、MSN、Skype等即时通信工具登录，在微博上用简短篇幅（不超过140字），将自己的所看、所听、所想、所悟或嵌入声音、图片、影像、网址发到微博网页中，以完成与他人信息分享的平台。2009年8月底，新浪微博的推出很快在国内引发了一次强劲的微博风暴，微博的出现开启了网络"微"时代的到来。面对"摔倒的老人，你该怎么办"的问题，重庆大学微博迅速做出回复并明确表态："你是重大人，看到老人摔倒了你就去扶。他要是讹你，重大法学院给你提供法律援助，要是败诉了，重大替你赔偿。"这则微博被列为2012年中国高校微博优秀案例。

微博的主要功能和最大特点是博主可以发起或参与话题讨论，与更多人分享、交流信息，从而涨"粉丝"和"关注度"。高校学生一直是微博的主要用户，微博成了他们了解社会动向、学习交流、社交娱乐的重要平台，微博既是高校学生掌握外界资讯的重要来源，也是高校学生发表有关公共管理、国家发展等方面见解的主要途径。鉴于微博上信息良莠不分，容易对高校学生的思想和行为造成不利影响，因此，高校和其他有关主管部门应取长补短，积极利用好微博，实时关注高校学生自己开通的微博以及他们关注的微博，及时了解他们的思想动态，与时俱进地做好高校学生意识形态安全教育工作。

（二）微信：最主流的即时沟通方式

当前我国正处于科技不断创新的大好时代，淘宝改变了传统的商贸模式，支付宝革新了传统货币支付方式，共享单车改变了人们的出行方式，而微信则极大革新了人们的交往方式。2011年初，腾讯公司张小龙团队成功研发出了微信，这是一个通过互联网即时发送语音、视频、图片和文字，还可以网上支付转账，同时可供多人群聊的手机应用终端软件。它很快就占据信息市场的前沿位置，由于使用方便、功能多样，微信几乎成了国人都在使用的社交平台。

微信强大的功能是它得以被人们青睐的最根本原因，其功能包括：一是便捷的聊天功能。与手机短信息相比，微信不仅可以发送文字，还可以发送语音、图片和视频信息等，又可以实现语音与文字的转换，微信聊天方式很灵活，可以是一对一，也可以多人群聊。二是快捷的交友功能。微信既支持查找、添加好友，还可以通过摇一摇添加、搜索附近的人和扫二维码添加好友，非常简单方便。三是便捷的分享功能。微信用户可以利用微信朋友圈功能随时随地拍照片、拍视频来晒自己生活中的点点滴滴，关注的好友可以对此进行评论、点赞和转发，也可以给朋友转发美文、美图以及短视频等。微信公众平台可以为组织和个人进行宣传，从而提高工作效率，不过微信的一大缺陷是不能转发语音。

（三）微视频：高效的影音传播载体

顾名思义，微视频是指时长短、容量少的视频。微视频之"微"微在时长，微在制作，微在投资，其以"短、快、精"的形式和集文字、图片、声音和影像于一体的立体式传播风靡互联网，深受广大网民尤其是高校学生的喜爱。与长视频不同，微视频具有以下特点：一是娱乐性。微视频反映的大多是轻松有趣的内容，有助于缓解人们的精神压力。二是快餐性。由于当前社会节奏很快，人们不愿意也不太具备条件花费大量时间去欣赏时间较长的视频，微视频则迎合了人们对视频短平快的需求。三是大众性。它对制作主体几乎没有要求，每个人都可以成为微视频的导演和主演，随时随地用DV、手机拍摄，甚至无须后期的制作剪辑就可以"原生态"地完成微视频制作、上传和发布，思维活跃的高校学生是网上微视频制作、上传、浏览的主力，比如，曾风靡一时的《校园新闻联播》《舌尖上的大学宿舍》等微视频均出自高校学生之手。

微视频种类很多，比如，微电影、微课、微纪录片、微动漫等，其中，微课是当前高校思想政治教育工作的有效载体，最近几年不少高校都会制作心理健康教育微视频和学生毕业微视频。此外，微课还成了高校教师开展教育教学模式改革的有效尝试，最近几年，我国微课实践活动开展得如火如荼，各类微课大赛相继举办，一大批微课网站相继创立。

（四）微公益：新型的社会公益活动

"微公益"是伴随"互联网+"时代而出现的新词汇，本意指细小的甚至微不足道的公益活动。得益于互联网的开放性和隐蔽性，微公益真正体现了公益平民化、常态化特征。最近几年，我国出现了以下几个标志性的微公益活动。2007年，首个具有全球影响的微公益网站Free Rice创立。2009年，互联网从业人员余志海首次提出"微公益"概念；同年，我国第一家微公益互动社区"茶缸微博"成立。2010年，萤火虫公益网（http：//www.yhc5.com）成立了全国首个微公益分享平台。2016年8月22日，百度百科携手著名演员王珞丹发布大型公益项目"萤火虫计划"，该计划将通过百度百科平台优质内容+互联网技术，实现不同地区的信息分享。2016年8月，支付宝上线公益产品"蚂蚁森林"，这是支付宝客户端设计的一款公益应用，用户通过步行替代开车、网络购票等行为节省的碳排放量，将被计算为虚拟的"绿色能量"，用来在手机里养成一棵棵虚拟树，然后蚂蚁金服和公益合作伙伴就会在地球上种下一棵真树。2019年4月，支付宝宣布蚂蚁森林用户数达5亿，5亿人共同在荒漠化地区共种下1亿棵真树，种树总面积近140万亩。2017年9月9日，中央网信办网络社会工作局担任指导单位，腾讯公益牵头联合几百家公益组织、知名企业和媒体发起"99腾讯公益日"活动，腾讯基金会和爱心伙伴根据1∶1的比例进行配捐，最终配捐总额度高达6亿元。

高校微公益既促进了整个微公益的发展与进步,也对高校学生产生了积极影响。2013年,由共青团中央、教育部新闻办、新浪微博主办,中国教育电视台等部门联合发起了"圆梦中国 公益我先行"第一届全国大学生微公益大赛。网络微公益之所以能吸引大众积极参与,主要得益于其以下特性:一是平台的开放性。网络微媒体有助于迅速传播微公益理念,让世界上每个角落的个体都可以参与其中。二是成本低廉。相比于传统公益,微公益具有成本低廉的显著优势,非常适合高校学生参与其中。比如,2012年6月,"思成·筑梦"团队成员和贵州师范大学志愿者一起,将募集到的821286元爱心款捐赠到了贵州省纳雍县陈家寨希望小学。2017年,许多高校学生参加了"99腾讯公益日"活动。共青团山东东营市垦利区委开展了2021年"KEN爱·微公益"点亮微心愿活动,面向全区家庭困难中小学生特别是残疾人家庭青少年、残疾青少年、孤儿、低保家庭等家庭生活困难青少年征集了400余个微心愿。

(五)抖音:短视频领域的后起之秀

2016年9月,抖音出现在大众视野。抖音是一个面向各年龄段群体的音乐短视频社区平台,它可以帮助用户记录生活日常,同时可以让用户享受科技发展带来的全新娱乐模式。抖音在全社会的迅速流行不知不觉让人们进入"抖"时代。全民皆刷、全民皆抖,抖音成为短视频领域当之无愧的新一代媒介之王。[1] 作为短视频领域的后起之秀,抖音信奉"得年轻人者得天下"的理念,一经问世便抓住了大中小学生用户的心,截至2020年8月,抖音日活跃用户突破6亿,截至2020年12月,抖音日均视频搜索次数突破4亿。

抖音之所以迅速拥有大量的青年学生用户,得益于它具有以下特点:首先,功能多元。抖音集"音乐+视频+社交"于一体,在潮流音乐、视频样式、美颜、滤镜、瘦脸、长腿、特效等方面具有独特的功能和优

---

[1] 骆郁廷,李勇图.抖出正能量:抖音在大学生思想政治教育中的运用[J].思想理论教育,2019(3):85.

势，能让各个年龄段的用户实实在在感受到自我创作带来的成就感，能迅速收到朋友圈的点赞。同时用户能借鉴其他用户上传的视频，实时进行互动。除此之外，抖音还有广告推送、商品销售、健身、体育、手工、萌宠、生活探店等内容。其次，成本低。相比传统视频较长的生产周期和复杂的制作过程，抖音视频生产所需的技术成本、制作成本非常之低，用户只需按下拍摄按钮，在给定的时间里就可以自由地选择自己想要拍摄的画面，即可随抖、随拍、随传。最后，符合青年人的特点。抖音鼓励个性化表达，迎合了年轻人个性张扬、新潮时尚、渴望展现自我的心理需求和情感需求。目前，很多人已经习惯性地开始通过抖音进行社交，抖音形成了新的流量和信息聚焦地，2021年央视春晚独家合作，多个官方频道的开通，某官方抖音账号粉丝量破1亿，抖音日活用户超过6亿，视频日搜索量超过4亿❶。

此外，当前比较流行的微媒体还有快手、头条号、百家号、搜狐号、大鱼号等，在此不再一一赘述。

第二节 网络"微"时代我国主流意识形态信息传播特点

把握不同时代条件下意识形态信息传播特点是做好意识形态传播工作的必然要求。随着网络"微"时代的到来，微信、微博等微媒体不但成了意识形态传播的新工具，也成了开展高校学生意识形态教育工作的新场域。网络微媒体具有主体泛化、信息碎片等特点，使得网络"微"时代与传统时代相比，意识形态传播呈现出以下新特点：

---

❶ 抖音国内日活用户超1.5亿，超500家政府、媒体机构入驻；网易云音乐推出移动流量包［EB/OL］.（2021 - 10 - 19）［2022 - 04 - 25］. https://www.shuziyingxiao.net/hyzx/90240.html.

一、信号与噪声共存

网络"微"时代，信息发布主体多元，舆论传播途径多样，各类微媒体很容易短时间内成为意识形态信息的发布中心，容易成为不同社会思潮交流交锋的场域，使得当前各类微媒体每天上演主流与非主流意识形态的斗争，不断有恶意怀疑、否定和诋毁我国主流意识形态的噪声。微媒体上主流意识形态的声音与非主流意识形态的噪音始终同时存在。比如，一旦有关马克思主义理论、党的创新理论成果、党中央的最新决策及社会大众的热切期盼的声音出现在微博、微信上，一些否定、质疑、诋毁的声音总会很快以跟帖、评论等形式呈现，从而导致当前不少微媒体尤其是非官方微媒体舆论错综复杂，亟待加强监管。所以，我们要从时代和全局的高度，重视做好所有微媒体的管理工作，无论是官方的还是非官方的，要让主旋律占据各类微媒体，让负面的噪音无所遁形。

二、虚拟与现实并显

网络微媒体本质就是一个虚拟空间，没有领土边界，没有物理意义上的边界，准入门槛很低，还便于隐藏身份。可是，虚拟世界是现实世界的反映。从国际视野看，全球范围内的意识形态领域的斗争依然激烈。特别是网络微媒体的出现为敌对势力进行对我国意识形态渗透，加大西化、分化力度提供了新的渠道和途径，他们利用信息技术方面的优势，大肆利用网络媒体传播西方价值观念。从国内形势来看，我国正处于新一轮的全面深化改革时期，利益结构迅速调整，各种社会矛盾不断凸显，思想情绪变化更加复杂，一部分人的不良情绪、过激言论均会很快反映到网络微媒体中来，甚至一些人肆意制造攻击党和政府、诋毁我国政治制度的谣言，极大地危害了我国意识形态安全。这也提醒我们，为维护网络"微"时代意识形态安全，要注意同时做好网上和网下工作。

三、自由与责任并存

作为一块没有物理边界、相对自由的领地，网络微媒体为人们提供了自由发表意见的平台。然而，作为一个新兴领域，有关网络微媒体的严格管控机制尚未建立起来，从而使得一些社会责任感不强、法治意识淡薄的人认为网络微媒体是法外之境，认为在虚拟空间做什么都不为过，在网络空间"自由"驰骋，散布不负责任的言论，给正处于价值观、人生观形成阶段的高校学生造成很大的冲击。众所周知，没有任何不受约束的绝对自由，任何公民都享有传播、评价我国主流意识形态的权利，但是任何公民必须履行《中华人民共和国国家安全法》等法律法规，不得在微媒体上散发反动、错误的有关意识形态的言论。

四、单向与互动并行

在报纸、广播、电视等传统信息传播媒介的时代，我国主流意识形态的信息传播方式都是单向的，受众往往通过传统媒体接受信息。但是在网络"微"时代，我国主流意识形态的双向传播特点突出。双向传播是指主客体之间相互交流和共享信息，受众既是传播信息的客体，也可以成为传播信息的主体，这主要是由微媒体的特点功能决定的。比如，央视微博的网民跟帖、评论、投票等互动板块有助于获取更多的新闻资讯，也有利于了解传播的反馈效果，人民日报微信公众平台经常通过网络直播与网民互动，等等。当然，传播主流意识形态在注重互动的同时，还要坚持发挥单向的灌输功能。

五、传播碎片化与立体化同显

碎片化已成为网络"微"时代主流意识形态信息传播的重要特征，容量微小是所有网络微媒体的特点，这使得那些容量大、时间长的意识形态教育内容只能在被分为若干个小块后才能被传播。网络微媒体的"碎片化"传播影响了高校学生对主流意识形态的完整理解，正如"'碎片化'打破了单一的媒体垄断，同时在较大程度上消解了信息、文化艺术作品的深度和意义"。❶ 在网络"微"时代,主流意识形态信息还具有立体化的鲜明特点:一是传播方式的立体化。当前,单纯一两种传播形式难以真正促进高校学生意识形态认同的形成,必须实行立体化传播,例如,人民日报社不但保留了传统的纸质报纸形式,还开设了门户网站、微博、微信、APP等。二是信息内容的立体化。现在的意识形态传播基本都做到了文字与音频、影像、图片、动画的同步传播,比如,2018年5月,微信公众号"靠谱青年"递送的"不能忘却的纪念:中国驻南斯拉夫使馆被炸19年祭"专题报道,通过文字、图片和动画较为全面地回顾了事情经过,较好地表达了哀思。

---

❶ 陈勇,杜佳. 社会化媒体环境下思想政治教育面临的挑战及应对[J]. 西南大学学报(社会科学版),2015(2):51.

第四章 网络"微"时代我国高校学生意识形态认同的时代境遇

网络微媒体好比一把"双刃剑",它既凭借便捷性、生动性等特性给高校学生意识形态教育工作带来了诸多机遇,也凭借其裂变性、碎片化等特性给高校学生意识形态安全带来了诸多挑战,全面分析这些机遇和挑战并趋利避害,有利于提升高校学生意识形态工作的针对性、实效性和吸引力。

第一节 网络微媒体给我国高校学生意识形态认同安全带来的机遇

作为信息技术发展的新产物,网络微媒体的日益普及给高校学生意识形态教育工作带来了难得的机遇,趋利避害,顺势而为,客观分析网络微媒体带给我国高校学生意识形态安全的有利因素,加速网络微媒体的利好方面与高校学生意识形态工作的有机融合,必将有利于巩固我们党对高校学生意识形态工作的领导权、管理权和话语权,从而促进高校学生意识形态安全建设,总的来说,网络微媒体给高校学生意识形态工作带来的机遇是全方位的,既丰富了内容,也拓展了平台,创新了手段,具体来说,主要体现在以下几个方面:

一、开辟了主流意识形态在高校学生中传播的新通道

在当前各类网络平台中，微博、微信等成为报纸、广播等传统媒体积极采用的社交平台。比如，新华社、人民日报社还开发了微信公众号、微博法人账号，人民网还拓展了移动互联网应用，拥有手机人民网（WAP版）、人民云拍、人民日报等客户端应用。此外，当前不少高校学生关注了一大批宣传主流意识形态的微信公众号。比如，"复兴路上""靠谱青年""高校思政研究""党史学习教育""党员E先锋""北京青年""读读马原著"等。上述微媒体均得到了用户的积极关注，比如，2021月12月31日，人民日报微博直播平台"正在直播：#习近平2022新年贺词#"获得499万+的热度，该推送也迅速在高校学生微博、微信空间扩散，可谓史无前例。网络微媒体开辟了主流意识形态在高校学生中传播的新通道，一方面，它有利于做好主流意识形态在高校学生中传播的反馈。比如，通过微博、微信公众平台开展问卷调查、分析学生的点赞评论，高校思想宣传教育工作者可以迅速、广泛地收到学生的反馈信息，有助于实时完善工作策略、内容和话语，从而提升工作的针对性和时效性。比如，2019年1月1日，全国上线"学习强国"学习平台"新思想"栏目下设"重要活动、重要会议、重要讲话、重要文章"等14个专栏，全面呈现习近平关于治国理政的重要论述，尤其是"每日答题""挑战赛""挑战答题"等板块有效吸引了高校学生的注意力。另一方面，有利于提升主流意识形态在高校学生中的传播效率。比如，高校教育工作者可以通过微博、微信公众号、微信朋友圈、微信群随时随地发布信息，还可以实时更新，尤其是微博、微信朋友圈的信息转发功能会使得主流意识形态信息在极短的时间内呈现几何式的扩散，还可以让高校学生用手机实时观看党的重大会议活动直播。新冠肺炎疫情肆虐期间，全国高校把教学活动"搬"到了网上，师生们普遍反映采取线上直播讲课效果良好，有效规避了人员聚集带来的防疫风险，既方便了师生，又易于被学生所接受。尤其是2020年3月9日下午，教育部社科司、人

民网联合举办的"全国大学生同上一堂疫情防控思政大课",王炳林、秦宣、冯秀军等知名思政教育专家的讲授让高校学生深受教育。2020年3月,依托抖音、快手、哔哩哔哩等平台,上海交通大学、华东师范大学等上海高校通过直播开启了疫情防控期间"新学期第一课",收到了良好的教学效果,其中,上海交通大学通过抖音、快手等6个平台进行了同步直播,两小时内在线观看量高达262.82万人次,并登上了微博热搜排行榜。

二、有利于增强主流意识形态对高校学生的吸引力

具有较强的吸引力和凝聚力是意识形态能得到社会成员认同的关键因素,正如"社会主义意识形态的吸引力和凝聚力,就是广大人民群众对社会主义意识形态所倡导的理想信念、价值规范、政策目标能够发自内心地认同并自觉地遵循和实践"[1]。网络微媒体具有不受时空限制、开放度高、快速便捷、交互性强、便于互动等特点,而且它集报纸、广播、电视的功能于一身,逐渐发展成可以同时发布文字、声音、图像等多种信息的社交平台,能有效缩短高校宣传教育工作者与学生的距离,有利于提升意识形态工作的亲和力和吸引力,能大大提升主流意识形态在高校学生中传播的实效。2021年5月4日,"中国青年报"快手上传了庆祝中国共产党成立100周年宣传片《我要的人生》,该片邀请《觉醒年代》中陈延年、陈乔年饰演者张晚意、马启越出演,青年演员许魏洲配音旁白,短短的三天之内就有21.3万人点赞,800多万人次观看。2021年5月31日"共青团中央"微博发布了"【跟着那兔学党史】的系列视频之———《枪杆子里面出政权》",该视频以动画和对话的形式讲授党史,给受众以全新感受,让受众潜移默化地接受爱国主义教育。

三、为高校学生参与主流意识形态建设提供便利

我们党之所以能够创造一个又一个奇迹,一个非常重要的原因是坚

---

[1] 李英田. 论增强社会主义意识形态的吸引力和凝聚力 [J]. 当代社科视野, 2008 (2): 8.

持群众路线，拓展人民的话语表达空间，鼓励人民积极行使自己的知情权、参与权、表达权和监督权，积极引导人民参与主流意识形态的发展完善，对此，习近平总书记曾指出："要最大限度集中全党全社会智慧，最大限度调动一切积极因素。"❶ 作为快捷的传播方式，网络"微"时代的一个最大特点和优势是准入门槛低，人人都可以凭借其发声，为我们党宣传主流意识形态、传播党的声音、汇集民情民智、凝聚社会共识提供了崭新渠道和平台，同样为高校学生积极参与我国社会主义主流意识形态建设提供了机会和条件，比如，人民网、新华网、央视网等网站开设的微博、微信平台成了高校学生集中发表看法和意见的公共场域。如今，高校学生也可以通过各类微媒体参与国家意识形态工作，揭露身边破坏社会主义主流意识形态的言行，比如，2019年9月26日，"共青团中央"微博在全球发起"我和国旗合个影"线上传播活动，活动自发起开始，很快就在全网火速刷屏，身处世界各个角落的我国青年纷纷以多种形式与国旗合影，深情向祖国告白，钢琴大师郎朗、棋手柯洁、奥运冠军何雯娜、易烊千玺、王一博、许魏洲、蔡徐坤等文艺体育界明星也以自己的方式参与进来，最终参与话题"我和国旗合个影"的人数超过11.8亿。❷ 上述案例足以证明，网络微媒体在方便高校学生参与主流意识形态建设方面发挥了重要作用。

四、有利于主流意识形态赢得高校舆论论争主导权

现在，网络微媒体成为继陆海空天之后的"第四空间"，网络安全已成为国家安全的重要内容，作为新型的网络社交平台，网络微媒体也成了敌我势力争夺的新场域，社会上发生的各类事情尤其是时政热点事件都会在第一时间进入网络微媒体上来，高校许多舆论事件大多都是先在

---

❶ 中共中央文献研究室. 习近平关于全面深化改革论述摘编[M]. 北京：中央文献出版社，2014：41.

❷ 共青团中央发起"我和国旗合个影"网络传播活动"有中国人的地方就有爱国的声音"[N]. 中国青年报，2019-09-30 (01).

学生微媒体中发酵扩散，所以，网络微媒体上的舆论是活生生的现实社会的"晴雨表"，网络微媒体为主流意识形态赢得舆论斗争的主导权提供了条件，已成为党和政府宣传主流意识形态的重要新途径、新平台，高校可以积极利用网络微媒体引导、监控学生舆情，使主流意识形态舆论更好地战胜其他非主流意识形态舆论。比如，2016年7月，拥有450多万粉丝、在"90后"青年学生中拥有较大影响力的新浪微博"共青团中央"引发的"戴立忍事件"，揭露的是赵薇导演的电影《没有别的爱》中我国台湾地区演员戴立忍具有支持太阳花的"台独"倾向，最后赵薇弃用戴立忍，戴本人也发文致歉和声明自己的政治立场。

五、有助于丰富我国主流意识形态话语体系

"话语体系是一定时代经济发展方式、时代精神和文化传统的表达范式。每个时代都有反映这一时代的话语体系，习近平新时代中国特色社会主义思想是正确认识当今时代潮流和国际大势的时代产物，是新时代中国特色社会主义的话语体系。"[1] 随着网络微媒体迅猛发展，网民急剧增加，网络微媒体成为最大的信息传播集散地和社会舆论场之一，再加上网络微媒体作为一种双向互动的传播模式，成为社会民众平等交流、资源共享的平台，任何组织和个人都可以建立网站、发表文章，从而在很大程度上丰富了我国主流意识形态话语体系。不少话语就是"微"网民的创造，比如，"厉害了我的国""正能量""蛮拼的""接地气""正能量""逆袭""点赞"，这些充满正能量的网络词汇就是由广大网民创造，并且已经被广泛用于我国意识形态宣传工作中，极大提升了工作实效。

六、有利于消减西方意识形态话语在高校的影响

长期以来，以美国为首的西方发达国家凭借经济、技术和信息优势，

---

[1] 闫安. 构建新时代中国特色社会主义话语体系[N]. 内蒙古日报，2018-05-21(09).

通过制定技术准入标准控制网络舆论，向我国兜售其意识形态观念，几乎垄断了网络空间意识形态的话语权。随着网络微媒体的迅猛发展，基于微媒体信息主体的广泛性，受众能自主参与生产和传播信息，甚至进行个体化传播，挤压了西方国家意识形态话语的网上空间。尽管当前西方在各类网络媒体中依然占有极大优势，但网络微媒体也为广大第三世界国家提供了一定的话语权，就像刘瑞生所言："新媒体极大地降低了传播成本，互联网丰富意识形态的话语体系，打破了西方在意识形态方面的垄断格局。"[1] 这为我们抵御西方意识形态霸权提供了便利。比如，2021年10月，新华社、人民日报客户端上发布了国社小姐姐改词翻唱的《后妈茶话会》讲述两年来的中美抗疫差距，歌词花式吐槽美国"病毒奇迹消失论""反复使用一次性口罩""消毒剂注射治疗新冠论"的荒唐，细数美国抗疫不给力便甩锅、推责、污名化的卖力操作。海外网友表示，该歌曲唱出了美国的真实面目，有效驳斥了西方媒体对我国抗疫工作的歪曲报道，有力地捍卫了中国的国际形象。鉴于当今中国已经成了全世界关注的中心，如何向世界讲好中国故事、传播好中国声音、提高国际话语权，以获得世界上更多的理解支持，消除误解敌意，消解西方意识形态话语在高校学生中的负面影响，将是我国高校意识形态工作的主要内容之一。

第二节 网络微媒体给我国高校学生意识形态认同安全带来的挑战

网络微媒体给我国高校学生意识形态安全建设带来的挑战是本书的选题缘由，也是研究重点。与其他互联网媒体一样，网络微媒体是一把

---

[1] 尹韵公. 新媒体蓝皮书·中国新媒体发展报告（2011）[M]. 北京：社会科学文献出版社，2011：22.

"双刃剑",它在给高校学生意识形态认同安全带来机遇的同时,也使得我国主流意识形态在高校学生中的传播遭遇了前所未有的挑战:传播空间遭到挤压,传播方式和管控能力受到前所未有的挑战,党对高校学生意识形态工作领导权安全受到了极大挑战,具体表现在以下几个方面。

一、加大了党对高校意识形态的管控难度

党管意识形态是我国的优良政治传统,提升高校党委等各级党组织部门意识形态领域管控能力是做好高校意识形态工作的必要条件和有效保证。"信息时代,随着大众传媒的发展,数亿人能够在同一时间享受同一样的新闻信息,强大的传媒舆论可以轻而易举地影响受众的舆论和情绪"❶,由于网络微媒体自身的便捷性和裂变性,网络微媒体容易给各种反动、落后、虚假信息以发酵空间,加上国内外反动势力的别有用心地煽风点火,容易使得看似平常不过的小事件或小问题演变为具有较大影响的意识形态舆情事件,小到高校食堂的饭菜、自助饮水机的安装,大到国家法律的制定、国际领土的争端,都容易成为迅速点燃社会舆情的导火线,都包含危害高校安全和国家安全的诱因。

二、削弱意识形态工作者在高校学生心中的权威

意识形态工作本质是做人的思想工作,工作对象对教育工作者的评价事关工作效果。在网络"微"时代,高校意识形态工作者在高校学生心中的权威面临削弱的危险,原因有三:一是在微媒体时代,作为网络"原住民"的高校学生了解信息的渠道更宽,接触面更广,获取的信息"私人定制化"日益明显,高校学生对网络微媒体上的信息的接受几乎是主动和选择性的,他们可以根据自己的爱好与兴趣主动地选择内容,由于高校学生利用互联网获取知识的能力很强,他们可以轻而易举提前获取意识形态教育内容,从而使得高校意识形态工作者在知识资源占用上

---

❶ 曾嘉. 与战争共舞:信息战中的传媒文化力 [J]. 南京政治学院学报, 2008 (4): 111.

不再有优势；二是由于现在的高校学生基本为"00后"，他们不少是伴随着互联网长大的，他们使用微媒体的能力可能会超过高校意识形态教育工作者，加上他们的创新力强、思维活跃，可能他们制作微视频、编辑微博微信的能力让高校意识形态教育工作者都望尘莫及；三是一些高校意识形态教育工作者未能及时适应网络"微"时代的要求，不能较好地转变工作方式，依然强调自己单方面的主体性，而高校学生不再满足于"你教我听"的传统教育模式，敢于挑战权威、颠覆传统，不再盲从单向的宣传教育，就是这样的"一进一退"极大地影响了高校思想政治教育工作者在高校学生心中的权威，影响了党对高校学生意识形态工作的管理权安全。

三、加剧西方意识形态对主流意识形态的侵扰

美国知名政治学家亨廷顿曾指出："对一个传统社会的稳定来说，构成主要威胁的，并非来自外国军队的侵略，而是来自外国观念的侵入，印刷品比军队和坦克推进得更快、更深入。"❶ 当前，西方敌对势力通过网络微媒体对高校学生进行意识形态渗透的手段更为隐蔽。我国主流意识形态长期面临西方意识形态霸权的侵蚀，过去这种侵蚀主要是依靠美国之音、BBC等电视、广播、图书等传统媒体，但是自从微媒体出现后，这种侵蚀的程度进一步加大，美国之音转向注重发挥互联网在意识形态渗透中的作用。除此之外，美国还注意借助技术优势加紧对我国输送意识形态，"美国广播管理委员会还开发了一套专供中国内地和香港用户对抗网络'审查'的技术系统，借助该技术系统的帮助，可以使大量的中国用户突破网络监管浏览'美国之音'等崇尚美国意识形态的传播网站。"❷

西方国家上述做法的受众主要是我国高校学生，对此，我们务必始

---

❶ 塞缪尔·P.亨廷顿.变化社会中的政治秩序[M].王冠华，刘为，等译.北京：生活·读书·新知三联书店，1989：14.

❷ 张化冰.美国的"网络外交"与我国意识形态安全[J].理论视野，2012（06）：33.

终保持高度警惕。当前，马克思主义意识形态话语权受到很大挑战，西方资本主义国家凭借强大的经济实力和先进的科技手段抢占了新媒体的主动权，形成媒体传播优势，展开了一轮又一轮对中国的舆论轰炸。特别是在新冠肺炎疫情出现以后，西方又抛出了颠倒黑白的"中国隐瞒论"、无中生有的"中国责任论"、欲加之罪的"中国赔偿论"、毫无根据的"黄祸论"等破坏中国国家形象和国际声誉的荒谬论断，极大地危害了我国主流意识形态话语权。

四、成为境外反动势力进行校园宗教渗透的重要渠道

苏东剧变之后，我国成为世界上最大的社会主义国家，也成为境外敌对势力进行宗教渗透的首选目标。高校是境外势力进行宗教渗透的一个重点，高校学生尤其是具有海外学习背景的高校学生成了他们渗透的主要目标和对象。随着互联网的发展普及，电子传教时代也随之来临，一些网上教会、网上宗教呈急剧增加趋势。有关资料显示，"当前具有浓厚宗教色彩的中文网站大约就有 1040 个……其中一些网站已经成为境外势力利用宗教对我国进行渗透的重要渠道之一"❶。有的国外宗教组织代言人通过微博、微信向高校学生进行宗教渗透，有的甚至打着"微公益"的旗号进行"宗教性捐献"宣传，使得"宗教性捐献"内容在微信朋友圈传播，高校学生深受其害，比如，2012 年刘秀伦课题组对西南、西北、东北及华东地区的重庆邮电大学、西藏职业技术学院、西北大学等高校的大学生宗教信仰状况进行调查，在回收的 1638 份有效问卷中，有 22.3% 的大学生信仰宗教。❷ 使得我们党对高校学生意识形态工作的领导权受到严重挑战。

---

❶ 龚学增. 关于抵御境外势力利用宗教对我渗透的几个问题 [J]. 当代中国民族宗教问题研究，2008 (03)：45.
❷ 刘秀伦等. 当代大学生宗教信仰现状及其对策 [J]. 黑龙江高教研究，2013 (07)：126 - 129.

五、影响高校学生对主流意识形态话语的认同

网络微媒体的一个特点是信息碎片化,它会改变高校学生的阅读习惯。高校学生喜欢用零散的时间来接收碎片化的信息,比如,微博、微信空间里短小精练的只言片语就是最好的证明,全面解读的文章因为信息量大而难以引起他们的兴趣,甚至会引起反感,所以高校学生大部分业余时间花费在阅读微媒体中的碎片化信息上。碎片化的阅读负面影响也非常严重,对当下高校思想政治教育产生了一定的冲击,使高校思想政治教育的价值目标变得模糊,主客体关系更为复杂,更使高校思想政治教育处于一种浅层化的状态❶。由于碎片化的信息不系统、不连贯和不完整,极大地危害我国主流意识形态话语内容的系统性,不利于培养高校学生整体性和系统性思维,使得他们不能理性判断和解读社会现象和历史事实,容易对当下主流意识形态形成片面性认知,进而抵制主流意识形态话语。

另外,网络微媒体还会严重削弱党对高校学生意识形态话语的控制力。微媒体时代,舆论瞬息万变,任何机构或个人可以随时随地通过微信、微博就社会热点敏感事件或校园话题发表见解,参与舆论,引发舆论,而且这种选择的面越多,受到的阻碍就越少,这就给高校校园舆论的引导带来很大难度,一些受境外势力支持指示的所谓"网络大V"正是利用高校学生的逆反、猎奇心理,散布诋毁我国主流意识形态的言论,使得一些不能反映客观存在的非主流社会意识经常出现在高校学生光顾的网络微媒体中。尤其一些"标题党"平台刻意炒作敏感问题,通过断章取义、歪曲事实的方式混淆高校学生的视听,大大削弱了党对高校意识形态话语的控制力,严重干扰了高校学生对我国主流意识形态话语的认同。

---

❶ 沈玲.信息碎片化对高校思想政治教育的影响及对策[J].法制与社会,2016(12):98.

六、削弱了高校学生对主流意识形态认同

20世纪30年代，霍克海默在《科学及其危机札记》一书中首次提出了"科学就是意识形态"的观点。1964年，法兰克福学派代表人物马尔库塞的著作《单向度的人》详细论述"科学技术作为意识形态和生产力"的双重性，他指出："今天，统治不仅通过技术而且作为技术而使自身永久化并不断扩大，技术为不断扩大的同化所有文化领域的政治权利提供了很大的合法化。"❶ 的确，由于科学技术本身具有单向性、实证性、功利主义等基本特征，互联网的出现在很大程度上改变了人们的思维方式和价值观念，引发了关于互联网思维的讨论，目前，有人认为互联网思维是零距离、无边界、去中心化、分布式的，有人认为互联网思维还具有用户至上、体验为王、免费模式、颠覆创新的特性，这些特性与我国主流意识形态价值有着较大的差别，甚至在某些方面截然相反。所以，随着高校学生与网络微媒体的长期接触，后者蕴含的思维价值必然会潜移默化地对高校学生的思维模式、价值观念产生影响，影响高校学生对我国主流意识形态的价值认同，影响党对高校学生意识形态工作的管理权安全。

七、挑战主流意识形态在高校学生中的传统传播模式

我国传统意识形态的表达方式主要是说教的口气、权威的态度和较大的篇幅，教育主体拥有绝对的话语权，学生往往只有被动接受的权利。网络微媒体彻底打破了过去意识形态较为封闭的环境，在"微"时代，高校学生既是信息的被动接受者，也是信息的创造者和发布者，教育者和学生是一对平等的主体，教育者可以设置一个议题，学生可以就此议题进行评论，传统教学模式那种师生不对等的情况在网络"微"时代消失得无影无踪。"新媒体不仅成为信息传递的重要载体，也对传统受众的

---

❶ [德] 马尔库塞. 单向度的人：发达工业社会意识形态研究 [M]. 刘继，译. 上海：上海译文出版社，1989：134-135.

使用模式产生了根本性的改变。"❶ 高校学生更喜欢一种平等、双向、互动的传播模式，倾向于选择平等、短小和轻松的文字、音频或视频，它在内容、形式和传达等方面对我国意识形态的传导方式、对我国思想宣传工作提出了更高要求，要求其传播的时效更快、内容具有碎片化、传播的手段方式更加立体化，但当前我国部分主流官方媒体没有较好地适应这种变化，从而导致我国官方媒体的影响力不理想，例如，基于发布次数/篇数、头条阅读、平均阅读、平均点赞等指标，公众号分析平台"微小宝"发布的"2017年12月我国影响力排名前20的微信公众号"文章中，官方媒体中仅有"人民日报"（排名第3）、"新华社"（排名第11）和"央视新闻"（排名第19）上榜。❷

第三节　网络微媒体影响高校学生意识形态认同的主要途径

只有较好地掌握了网络微媒体影响高校学生意识形态认同的具体途径，才能对症下药，标本兼治，提出切断网络微媒体影响高校学生意识形态认同通道的具体措施，使高校学生少受甚至不受网络微媒体中非主流意识形态的侵扰。网络微媒体具有的开放性、隐蔽性等特点，导致它影响高校学生意识形态认同的途径比较隐蔽，难以把握。本书结合网络微媒体特点，通过调查走访高校学生使用网络微媒体的情况，认为网络微媒体影响高校学生意识形态认同有以下五个表现。

---

❶ 周小华. 论新媒体技术环境中的马克思主义传播创新 [J]. 湖北行政学院学报, 2011 (01): 14.

❷ 2017年12月我国影响力排名前20的微信公众号 [EB/OL]. (2018-01-18) [2022-04-25]. https://data.wxb.com/rank?category=-1&page=1.

一、通过提供负面信息分散高校学生对主流意识形态的关注

江泽民曾指出:"意识形态的阵地,马克思主义、无产阶级的思想如果不去占领,那么各种非马克思主义、非无产阶级的思想甚至反马克思主义的思想就会去占领。"❶ 因此,我们必须高度重视非主流信息对主流意识形态主导地位带来的挑战。

(一) 网络微媒体提供了海量反动落后信息

随着网络"微"时代的到来,人人握有"麦克风",人人都成了新闻发言人,网络微媒体中有反动、落后、低俗信息蔓延,而这些信息迎合了少数自制力不强的高校学生的需求,极大地吸引了他们的注意力,久而久之,就让高校学生疏远社会主义主流意识形态,转向关注网络微媒体中的负面信息。由此可见网络"微"媒体上信息杂乱程度之高。

(二) 网络微媒体为非主流社会思潮提供了生存发展平台

良好的社会环境是确保高校学生意识形态安全建设工作顺利进行的必要条件。当前,高校学生主流意识形态认同环境日益复杂是客观现实,导致此问题的原因很多,其中就包括网络微媒体的影响。随着经济全球化的不断深入,西方敌对势力妄图借助思想意识形态的输入达到不可告人的目的,使得当前我国社会思潮结构日益多样化、复杂化,形形色色的非主流意识形态不断产生,一些活跃于国外的思潮逐渐转化为国内思潮,并很快在微博、微信等网络微媒体中生存发展,这些非主流社会思潮主要有新自由主义、新保守主义、民主社会主义、经济私有化思潮、历史虚无主义等,它们分散了高校学生对主流意识形态的关注,一定程度上导致高校学生思想混乱,消解主流意识形态思想理论的解释力,使得高校学生在价值评价和行为选择上陷入困惑与迷茫。此外,由于网络微媒体的门槛低,传播速度快,再加上隐蔽性,从而使得代表不同意识形态的观点很快在网络微媒体上碰撞、升级,严重影响党对高校学生意

---

❶ 江泽民. 论党的建设 [M]. 北京:中央文献出版社, 2001:83.

识形态工作的领导权，尤其是在微博、微信等新型网络舆论场上，小到学校食堂的饭菜，大到重大政治事件，都有可能在网络上被上纲上线炒作为意识形态问题，从而不断危害高校学生已经形成的对主流意识形态的认同，这种通过网络舆论制造社会政治事件的模式很容易误导不明真相的大众尤其是涉世不深的高校学生，增加了高校学生主流意识形态认同环境的复杂程度。

二、通过传播负面言论损害意识形态工作主体的权威

意识形态工作本质上是做人的思想工作，意识形态教育工作者是开展意识形态工作的主体，意识形态工作者在工作对象心中的权威对工作效果具有较大影响，一般来说，在条件、环境大致相同的情况下，教育工作者在工作对象心中的权威越高，工作效果就越好。网络微媒体通过传播负面言论损害意识形态工作主体的权威和名誉主要体现在以下几个方面。

（一）网络微媒体传播抹黑党和政府的言论

当前网络微媒体中存在一些抹黑党和政府形象的言论，它们专门通过编造谎言诋毁党的形象，攻击我国政治、经济和文化制度，比如，某微博发布了"供电局抄表工年薪达30万"的虚假信息，紧接着解释说是因为国企垄断，以此诋毁我国经济制度。再如，在2008年"5·12"汶川大地震发生后，有人不顾地震预报是全球难题的事实，在微博上肆意批评有关部门不能准确及时预报地震，还不顾事实指责党和政府救援不力，其目的就是抹黑党和政府的能力和信誉，很容易误导不明真相的高校学生。此外，境外敌对势力还利用敏感节点或重大历史事件，在微媒体上进行反动活动。对此，我们必须始终高度重视并持续保持高压打击态势。

（二）网络微媒体传播大量抹黑某些特定群体的言论

在当前高校学生意识形态工作中，高等教育主管人员、高校教师等与高校思想政治教育工作密切相关的群体扮演着重要的角色，发挥着重

要作用，他们的权威和形象对高校学生意识形态教育工作有较大影响，由于高等教育主管人员肩负贯彻落实党的教育方针政策的重任，高校教师承担着高校学生意识形态教育的重任，因此，这两类人员也就容易成为网络微媒体反动言论攻击的对象，当这些特定群体中的某个人不慎发表不当的言行时，一些别有用心的人借机将个别现象和问题扩大化，并通过微博、微信发布转载，从而在高校学生中造成恶劣影响，使得高校学生不能客观评价与高校意识形态工作相关的工作群体。此方面最典型的案例是，2015年第7期《红旗文稿》刊登北京大学原副校长梁柱同志的署名文章《怎样才能做到真正的历史清醒》，很快该文章标题被恶意篡改为《盲目追求真相不讲立场就是历史虚无主义》后，在新浪微博上引发不少"大V"的疯狂转发，梁柱同志因此遭到了不明真相网友的肆意辱骂，甚至还受到了恶意的人身攻击。

三、通过隐秘方式侵扰高校学生对主流意识形态的认知

鉴于赤裸裸诋毁否定我国主流意识形态的言论容易被发觉，也难以奏效，一些人就别有用心地选择利用隐秘的方式攻击我国主流意识形态，在此背景下，当前网络微媒体上经常蔓延一些难以察觉但危害极大的错误观点理论，不断侵扰高校学生对主流意识形态的认知，主要表现在以下方面。

（一）网络微媒体传播以学术面貌出现的非主流意识形态

意识形态领域问题颇为复杂，既有思想问题，又有学术研究问题，需要科学分析、准确区别，既不能人为拔高，也不能小事化了，要按照党的十九大报告要求，"加强阵地建设和管理，注意区分政治原则问题、思想认识问题、学术观点问题，旗帜鲜明反对和抵制各种错误观点。"❶当前高校意识形态领域的一个新情况是，少数教师甚至一些"公知"给

---

❶ 习近平. 决胜全面建成小康社会，夺取新时代中国特色社会主义伟大胜利［M］. 北京：人民出版社，2017：42.

一些非主流意识形态观点理论披上学术外衣，然后将其发布在高校学生经常光顾的网络微媒体上，具有很大的迷惑性，借用学术外衣行破坏主流意识形态安全之实，偏离了学术求真、求实的特征，鉴于当前高校一些学生倾向于"碎片学""兴趣学"，对中共党史等主流意识形态知识理解不够全面、精髓把握不够准确的问题，很容易被微媒体上的反动言论误导。

（二）网络微媒体通过传播"娱乐化"文化产品解构主流意识形态

意识形态事关旗帜，事关道路，我们必须以严肃、认真的态度对待。我们必须清醒认识到到当前网络微媒体中解构主流意识形态的娱乐化倾向，微博、微信上调侃、戏谑和恶搞主流意识形态的段子和视频时有出现，甚至还通过编撰兼有讽刺意味和娱乐色彩的段子诋毁主流意识形态，由于契合高校学生追求娱乐的群体心理需求，容易导致高校学生对历史认识的明显错位，很容易"温水煮青蛙"式地让他们失去对主流意识形态的认同践行，对此我们必须高度重视，绝不可小事化了，不能只是将其定位为网络文化产品的风格定位问题，必须上升到意识形态安全高度加以应对解决。

四、通过汇聚"组织化"网络敌对力量拉拢高校学生

作为社会情绪的宣泄地、网民思想观点交锋的场域，网络微媒体是高校学生表达情绪、参与主流形态建设的新场所，是开展高校学生意识形态教育工作的主要阵地，诸多敌对势力借助网络微媒体实现了组织化、团伙化，并不断打压网络"红军"队伍。

（一）为"组织化"网络敌对力量提供了生存发展平台

近几年来，网络微媒体上逐渐出现以危害国家主流意识形态的线下组织，除了肆意攻击党和国家外，它们还有组织、有计划地攻击异己，对支持社会主义主流意识形态观点的个人和组织进行谩骂、围攻，定点清除。比如"陈某某案"，陈某某通过自媒体账号，以"点评时政""揭露官员丑闻""批评政府""敢言""敢爆料"出名，积累了数十万粉丝。

陈某某团伙是具有网上黑恶势力性质的"家族式"犯罪团伙，该团伙打着"法律和舆论监督"的名义和公平正义的幌子，以网络为犯罪平台，大肆敲诈勒索、疯狂敛取钱财，涉嫌敲诈勒索、非法经营等违法犯罪行为，2020年4月30日，"网络大V"陈某某被判处有期徒刑15年。[1]

（二）为非主流意识形态利益代言人提供成长环境

毋庸置疑，网络微媒体已成为国外敌对势力对我国高校进行意识形态渗透的主要阵地之一，西方敌对势力加紧在我国国内物色骨干和代理人，不仅栽培个别所谓"公知"与"大V"，还花重金收买雇用网络写手，甚至笼络了一些频繁活跃在网络舆论场的消极极端分子，并通过各种途径帮他们涨粉丝，这些为非主流意识形态利益代言的"公知""大V"在聚集了较高的人气之后，不是去积极传播社会正能量，往往是想着如何为了博取眼球而肆意制造轰动效应，诋毁主流意识形态，往往很容易影响高校学生对事实真相的研判，从而使得不少高校学生成了为非主流意识形态代言的"网络大V"或"公知"的粉丝，也使得当前网络微媒体中高校学生意识形态舆论很容易被这些敌对势力操控。

五、通过提供议题吸引高校学生参与意识形态论争

网络微媒体凭借固有的开放性、快捷性、匿名性、交互性等特点，成了各种意识形态观点理论汇聚的舆论平台，于是围绕各种议题展开的意识形态论争经常在网络微媒体中进行，并不断吸引高校学生参与其中，从而影响到高校学生意识形态安全。

（一）通过提供伪命题引导高校学生参与意识形态论争

代表不同意识形态的势力都将高校学生视为巨大的政治资源，正如"各种意识形态都已经认识到，网络民心是一种巨大的政治资源，从而将网络作为宣传自己政治观点的'跑马场'，在这里展开了争夺政治人心的

---

[1] "网络大V"陈杰人，判了！[EB/OL].（2020-05-01）[2022-04-25]. 环球网-https：//baijiahao.baidu.com/s?id=1665449408764396424&wfr=spider&for=pc.

'角逐赛'"❶。基于高校具有较浓的学术氛围以及高校学生具有关注时政、爱好论争的特点，一些人别有用心地通过设置议题来拉拢高校学生参与网络意识形态论争，他们往往会选择一些有争议的政治话题，然后伺机收买高校学生。由于不少高校学生思想政治理论知识相对薄弱，思想理论缺少足够的深度和广度，很容易因为参与论争而最终成了非主流意识形态的"俘虏"。

（二）通过提供错误的论证诱导高校学生疏远主流意识形态

一些敌对势力总是通过漏洞百出的论证误导一些判断力较差的高校学生疏远主流意识形态。比如，2020年5月8日，一张含有"摊位下上网课的小女孩"照片的微博24小时内被网友转发了50000多次，反映的是七岁的小女孩柯某的父母在集贸市场卖菜，她在案板下上网课，柯某勤奋的样子感动了无数人，没想到的是，竟有人对此进行大肆炒作，据此渲染中国的全面小康为"假小康""被小康"，发布"政治脱贫""数字小康"的反动言论，诋毁我国脱贫攻坚取得的成就，危害高校学生的民族自豪感和爱国热情。

（三）通过提供有关国际热点事件言论侵蚀高校学生的主流意识形态认同

当前，世界正处于前所未有的百年大变局时期，国际热点事件频发，不少高校学生注重关注、思考国际热点问题。正是看准了这一点，一些反动势力内外勾结、颠倒黑白，不遗余力地利用国际热点问题容易传导并在国内迅速传播的特点，在微博、微信、抖音等网络社交平台上发布攻击我们党和政府的不当言论，大肆炒作"中国威胁论""中国崩溃论""中国专制论"，混淆视听，消解国人的"四个自信"，损害中国的国际形象。

---

❶ 李艳艳. 如何看待当前网络意识形态安全的形势［J］. 红旗文稿，2015（14）：9.

第五章 巩固网络"微"时代我国高校学生意识形态认同安全的对策

筑牢网络"微"时代我国高校学生意识形态认同安全的堤坝，使高校真正做到守土有责、守土负责和守土尽责，是本书的研究目标。因此，巩固网络"微"时代我国高校学生意识形态认同安全的对策是本书的研究重点。做好网络"微"时代我国高校学生意识形态教育工作是一项全面、系统的工作，需要多管齐下。首先，要因势利导，顺势而为，应势而变，要认识到"微"是当前互联网发展的新趋势，要认识到网络"微"时代给高校学生意识形态认同带来的诸多难得的机遇，比如，它开辟了主流意识形态在高校学生中传播的新通道，为高校学生参与主流意识形态建设提供了便利，有利于增强主流意识形态对高校学生的吸引力，丰富了我国主流意识形态话语体系，等等，所以，一定要利用好这些机遇，积极开展微媒体平台建设，不断建成红色"微"阵地，以增强工作的吸引力。其次，更要注意对症下药，把握好网络"微"时代我国主流意识形态传播的特点，认清网络微媒体给高校学生意识形态认同安全带来的具体负面影响，通过工作队伍、法律法规和教育环境等方面的措施，最大限度消除这些负面影响，不断提升工作的针对性，构筑高校学生意识形态认同安全的堤坝，具体来说，我们可以从以下六个方面采取对策。

第一节 把握工作原则，遵循工作规律

做好网络"微"时代我国高校学生意识形态教育工作，不能为所欲为，要不断深化对意识形态工作特点和规律的认识，把握工作原则，必须遵循以下基本原则。

一、坚持握牢意识形态工作领导权与借鉴经验相结合

如何握牢意识形态领导权是所有政党意识形态工作的核心目标，也是我们党思想政治工作的核心内容，它关系到党的执政地位能否巩固，关系到国家的前途和命运。习近平总书记曾强调："我们必须把意识形态工作的领导权、管理权、话语权牢牢掌握在手中。"[1] 历史与现实都已经证明，要想确保执政党的执政安全就必须牢牢把握对意识形态工作领导权。我们党能否握牢对高校学生意识形态工作领导权，关系到高校立德树人目标的实现，关系到高校能否坚持社会主义办学方向，关系到高校甚至整个社会的和谐稳定。所以，任何时候必须确保我们党对高校学生意识形态工作领导权，不断巩固马克思主义在高校意识形态领域的指导地位，坚持党对高校一切工作的领导，坚决抵制西方意识形态在高校的渗透，保证高校的政治属性永不变色，这是任何时候都不可触碰的底线。

尽管其他国家的社会历史、时代背景、社会形态与我国区别明显，但是相同的一点就是，意识形态都是统治阶级用来统一全体社会成员的思想与价值观的手段，都是各政党的价值主张、思想理论的体系，基于这一点，其他国家的高校意识形态工作经验可以为我们所学习借鉴。比如，美国主流意识形态建设中建立了科学严谨的法治体系，对各类文化

---

[1] 中共中央宣传部. 习近平总书记系列重要讲话读本［M］. 北京：学习出版社，人民出版社，2016：193.

与信息传媒实施灵活的管理措施；德国在内政部设立了"信息和通信技术服务中心"，并组建了一批"网上巡警"，捍卫国家网络信息安全；芬兰则注重技术防范，专门在青年学生经常登录的网站上安装拦截软件，还注意发挥家庭在维护网络安全中的作用，专门实施了"家长网上监控"项目，大大方便了家长实时监控学生的上网行为；日本则注重发挥社会资源在青年学生意识形态教育工作中的作用，日本各地都建立了类似青年辅导中心帮助青年成长的社会组织，日本还将民族精神渗透家族家规、班风校风以及公司精神之中；韩国于2006年12月通过了关于网络实名制的法律，规定只有在自己的姓名和身份证号码等信息获得验证后，才可以在互联网上发布信息，如今，韩国对网络邮箱、网络论坛、博客乃至网络视频、微信实行实名制，成为名副其实的在全球实行实名制最彻底的国家，等等。这些都是经过实践证明的成功经验。由于社会制度和国情不同，我们不能简单套用，要在坚持社会主义方向的前提下借鉴他国相关经验。

二、坚持内容为本与形式创新相统一

任何事物都是内因与外因的统一，意识形态内容是内因，工作方法、策略和途径是外因。运用到高校学生意识形态安全工作之中，坚持内因与外因的统一就是要坚持内容为本与形式创新相统一。

内容为本是高校学生意识形态教育工作的根本原则，在当前网络"微"时代，我国主流意识形态的理论体系正面临各种内外挑战，在有些领域马克思主义面临"边缘化"的危险。高校选择什么样的意识形态工作教育内容至关重要，否则就会偏离社会主义的办学方向，"我国的国家意识形态，亦即当代中国的主流意识形态，是马克思主义的科学社会主义，更是几代中国共产党领导集体智慧凝结的中国化马克思主义理论成果。"[1] 高校学生意识形态教育工作必须做到内容为本，必须按照"有思想、有温度、有

---

[1] 李昊远. 大数据技术嵌入国家意识形态安全建设：内涵与对策 [J]. 求实, 2017 (01): 14-15.

品质"❶的原则,向学生输送马克思主义、社会主义核心价值观、党的十九大精神等我国主流意识形态理论观点,绝不能向学生传递反动、落后的意识形态内容。

当然,在强调内容为本的同时,还要坚持工作理念途径、方式方法的创新,做到因势而谋、应势而动、顺势而为,在网络"微"时代,要与时俱进地创新学生意识形态工作理念、方法和途径,注意采用间接和隐性的方式,把主流意识形态内容有机地渗透各种具体工作载体和形式中去,比如,学生微党课比赛、微博写作比赛、"我心中思政课"微电影比赛,以不断提升工作的感染力和实效性。

三、坚持网上工作与网下工作相统一

网络当今时代,高校学生越来越热衷于各类网络微媒体,他们不仅在各类微媒体上接受各种信息,同时也会在网络微媒体上发布各种信息,在微博、微信上晒自拍、晒成绩、晒美食成了不少学生的共同爱好。因此,高校思想政治工作者有必要通过关注学生的微博、微信朋友圈,了解掌握学生真实的思想动态,及时采取网上疏导教育等相关措施。

但是,网上教育只是高校思想政治教育众多方式的一种。何况网络微媒体本质是虚拟世界,虚拟世界中的问题本质是现实问题的折射,网络微媒体中所反映的问题最终也必须在现实生活中才能得到解决。所以,我们在开展网上工作的同时,还要与网下实践空间的互动配合起来,把开展意识形态教育与解决学生的实际困难结合起来,把开展网上理论教育与线下思政课教学结合起来,把开展网上微公益活动与开展网下的志愿服务结合起来,网上网下一起联动,互相补充,互相促进。

四、坚持理论灌输与实践活动相结合

理论灌输法是思想政治教育的基本方法之一,"列宁的灌输思想表

---

❶ 杜尚泽. 习近平在党的新闻舆论工作座谈会上强调:坚持正确方向创新方法手段 提高新闻舆论传播力引导力 [N]. 人民日报, 2016 – 02 – 20 (07).

第五章 巩固网络"微"时代我国高校学生意识形态认同安全的对策

明,灌输是意识形态教育的重要手段,是意识形态教育一种行之有效的方法。"❶ 由于意识形态内容表现为一系列的理论观点,高校意识形态工作决不可忽略理论灌输。要始终重视发挥思想政治理论课的主渠道作用,当然,鉴于社会环境发生的深刻变化,高校学生心理特点和思维方式也与以往相比有了明显变化,高校在坚持理论灌输时,要注重教育者和学生的双向沟通。

根据杜威实用主义教育理论,光靠理论灌输是远远不够的,"要强化社会实践育人,提高实践教学比重。"❷ 我们还要更加注重理论与实践相结合,知行统一,将意识形态工作与加强学生日常管理紧密结合起来,力求取得润物细无声的效果。为此,要鼓励学生走出网络,走出校园,走向社会,通过志愿服务、专业实习、社会调查等社会实践,通过耳闻目睹和切身体验,加深高校学生对我国主流意识形态理论观点的理解,消除误解。此外,还要注意发挥校园文化的作用,加强社会主义核心价值观在校园文化活动中的渗透,使高校学生在潜移默化中接受我国主流意识形态。

第二节 确定工作目标,明确努力方向

确定科学的目标和方向是确保工作实效的重要条件,提升网络"微"时代高校学生对我国主流意识形态的认同,需要我们从网络"微"时代和高校意识形态工作的角度提出更为清晰的目标。习近平总书记曾强调:"我们必须把意识形态工作的领导权、管理权、话语权牢牢掌握在手中,

---

❶ 王建华. 思想政治教育的理论与实践 [M]. 北京:中央文献出版社,2001:38-39.
❷ 中共中央国务院印发《关于加强和改进新形势下高校思想政治工作的意见》[EB/OL]. (2017-02-28) [2022-04-25]. http://www.gov.cn/xinwen/2017-02/27/content_5182502.htm.

任何时候都不能旁落，否则就要犯无可挽回的历史性错误。"❶ 历史从正反两方面已证明，要实现我国意识形态安全，就必须要确保我们党对意识形态工作领导权安全、话语权安全和管理权安全。因此，我们可以从以下三方面确定网络"微"时代我国高校学生意识形态工作的目标。

一、实现党对网络"微"时代高校学生意识形态工作领导权安全

"意识形态工作的落脚点和归宿就是行使好中国共产党对意识形态的领导权"。❷ 多位学者从不同角度对意识形态领导权做出了阐述，其中认同度较高的是郑永廷提出的"意识形态领导权是夺取并掌握国家政权的阶级或集团，为维护本阶级或集团的经济政治利益，遵循一定的国家权力分配管理原则，以国家机器（包括暴力机器和非暴力机器）为保障，运用计划、决策、组织、领导和控制等国家职能，通过制定意识形态政策、设立意识形态机构、配备意识形态管理人员，占有支配意识形态资源和组织领导意识形态工作的国家权力"❸。结合上述界定和高校学生意识形态工作的特点，我们可将党对网络"微"时代高校学生意识形态工作领导权安全细化为以下内容。

（一）党和国家始终紧握对网络微媒体资源的占有权

只有享有资源占有权，才能把握论争的主动权。由于当前网络微媒体已成为各种意识形态交流交锋的新阵地、新平台，享有网络微媒体资源的占有权对确保高校意识形态安全至关重要，其本质就是意识形态斗争阵地的占有和丢失问题，也是思想宣传资源的有无问题。因此，党对网络微媒体资源的占有权主要就是我们党的思想宣传主管部门和教育部门对各类微媒体的占有权，对官方微信、微博等网络微媒体资源的自主

---

❶ 中共中央宣传部. 习近平总书记系列重要讲话读本 [M]. 北京：学习出版社、人民出版社，2016：193.
❷ 郭燕来. 如何行使意识形态的领导权 [J]. 贵州社会科学，2016 (12)：4.
❸ 郑永廷，任志锋. 社会主义意识形态领导权和主导权研究 [J]. 教学与研究，2013 (07)：47.

占有、使用和分配的权力,以及在行使这些权力的时候不受外来势力或敌对势力的支配,做到这一点对维护高校意识形态安全至关重要,我们必须从国家安全的高度,不断巩固党和国家始对各类微媒体资源的占有权。

(二) 党和国家始终紧握网络微媒体政策法规的制定权

"谁掌握作战规则转换,谁就掌握战场主动权"❶,我们党和国家有关部门单位能否始终紧握自主制定网络微媒体政策法规的权力,也就是说决定是否制定法规的权力,如何制定相关法规,以及制定怎样的法规的自主决定权均掌握在自己手中,不受外来势力或其他利益集团的摆布,这一点同样对实现高校学生意识形态认同安全非常重要。当前,高校学生关注使用的微媒体比较复杂,微媒体种类多样,而且微运营商和出资方性质复杂,一些国内的微媒体属于私人或我国民间机构所有,还有一些由国外资本控股,尽管我们党和国家不享有对它们的所有权,但由于意识形态具有排他的本质属性,网络微媒体上不同意识形态的斗争始终在进行,因此,党和国家必须紧握制定有关网络微媒体政策法规的权力,能自主通过行政手段和法律手段管理引导它们,预防、制止、惩罚各类微媒体危害高校学生主流意识形态认同。

(三) 党和国家始终紧握网络微媒体组织领导权

意识形态工作本质是做人的思想工作,"谁来做"对工作效果影响较大,由谁来主管工作主体直接关系到工作目标和方向。党管思想宣传是我国的既定方针政策,也是我国独特的政治优势,也就是说我们党和国家始终紧握意识形态工作的组织领导权,能自主开展有关意识形态工作的组织领导工作,否则,不能自主决定设置意识形态工作的组织管理部门机构,不能自主按照相应程序进行相关人事安排,而需要听从其他势力或利益集团的摆布,就等于拱手交出了意识形态工作的领导权,这是

---

❶ 王守胜,赵文化. 谁掌握了规则转换,谁就掌握了战场主动权 [N]. 解放军报,2014 - 03 - 18 (04).

极端危险的。所以，党对网络"微"时代高校学生意识形态工作领导权安全必然包括党和国家始终对高校意识形态工作的组织领导权，能自主设计、决定网络微媒体管理部门机构的建立撤销，能自主进行学生意识形态工作队伍的构建，而且上述工作始终不受到外来势力或敌对势力的干扰。

二、实现党对网络"微"时代高校学生意识形态工作管理权安全

管理权始于所有权，其本意是对资源的占有权、使用权和支配权。"意识形态管理就是国家、政党综合运用组织、协调、控制等方法手段，对其倡导的意识形态领域的各种社会资源进行整合应用的过程，其核心目标就是通过对人的思想管理来让社会大众自觉接受统治阶级主导的意识形态"[1]。意识形态工作主要包括意识形态构建、传播和认同工作，因此，我们可以将网络"微"时代高校学生意识形态工作管理权细分为以下内容：

（一）党能自主开展微媒体上主流意识形态的构建

我们党之所以能永葆青春，一个非常重要的原因是重视拓展人民的话语表达空间，积极引导人民参与主流意识形态的发展完善。当前，网络微媒体既是传播我国主流意识形态的重要场域，也是我们党开展意识形态构建的渠道，为高校学生参与主流意识形态建设提供了便利，网络微媒体的开放性为高校学生积极参与我国主流意识形态理论建设提供了机会和条件，比如，人民网、新华网、央视网等网站开设的微博、微信平台成了高校学生集中发表看法和意见的公共场域。高校学生也可通过微媒体揭露身边破坏以及与主流意识形态相悖的言行。实现网络"微"时代高校学生意识形态安全必然包含我们党能自主开展微媒体上主流意识形态的构建，能自主制定高校学生参与网络"微"时代我国主流意识

---

[1] 李礼.意识形态领导权、管理权、话语权的基本内涵及联系[J].学术论坛，2017（04）：120.

形态建设的制度和机制。

（二）党能有效管控微媒体上主流意识形态的传播

目前各种非主流意识形态都想在网络微媒体上"跑马圈地"，主流意识形态与非主流意识形态的论争每天都在网络微媒体上演，对高校学生主流意识形态的认同造成危害。在此背景下，如果党和国家不能自主在微媒体上传播自己的声音，不能有效调配有关意识形态工作人力、财力和物力，不能使主流意识形态取得对非主流意识形态论争的胜利，或者总是受敌对势力或外来势力的摆布，那么，也就必然会迟早丢掉微媒体这块意识形态阵地，也就将其让位于其他非主流意识形态。所以，我们党必须有效管控微媒体上主流意识形态传播，能始终主导微媒体上的舆论走向，有效管控网络微媒体上的反动、虚假和落后信息的传播，整合、引导非主流意识形态的传播，有效打击、消除微媒体上危害意识形态安全的违法犯罪活动，促进社会意识形态系统良好运行。

三、实现党对网络"微"时代高校学生意识形态工作话语权安全

话语是意识形态的有效载体。意识形态话语权安全就是特定的阶级或集团掌控和阐述话语的权力和能力不受其他因素破坏、威胁的状态。结合高校的特点，我们可将党对网络"微"时代高校学生意识形态工作话语权安全划分为以下两方面内容：

（一）党具有较强的微媒体上意识形态话语权力

具有较强的话语权力是意识形态话语权安全的重要表现。要实现党对网络"微"时代高校学生意识形态认同安全，就必然要求在高校学生关注、参与的微媒体的意识形态话语斗争中，我国主流意识形态话语能始终占据主导地位，能做到在一些涉及政治的重大是非问题上不失语、不失控。此外，由于长期以来，以美国为首的西方发达国家凭借经济、技术和信息优势，向我国兜售它们的意识形态观念，几乎垄断了网络空间的话语权，这也要求我们党具有较强的掌控网络意识形态的话语权力，

要求党和国家意识形态有关部门能始终牢牢掌握微媒体思想宣传舆论引导的主动权，能及时引导微媒体上有关意识形态的舆论朝着有利于党和国家的方向发展，而不受外来势力或其他集团的支配。要求高校能做好官方微媒体上的舆论引导工作，能通过网络评论员队伍建设等措施，牢牢占用好话语资源，保障微媒体上党的意识形态话语权安全。

（二）高校学生高度认同微媒体上主流意识形态话语权威

大众认可主流意识形态话语既是主流意识形态话语吸引力的问题，也涉及话语权威问题，因此，意识形态话语能否有较大的传播面，能否产生应有效果，一个重要的判定标准就是意识形态话语能否赢得社会成员的广泛认同和自觉践行，这也是主流意识形态话语权得以确立的根本标准，所以，实现党对网络"微"时代高校学生意识形态工作话语权安全的一个重要内容，就是我们党的意识形态话语在高校学生中有较高权威，有较强的传播力、引导力、影响力和公信力，有广泛的传播面与良好的认同效果，高校学生普遍认同网络微媒体上的主流意识形态话语内容和话语方式，能积极主动参与网络微媒体上的话语建设和传播，能远离、抵制其他非主流意识形态话语的侵扰，尤其是在我国主流意识话语与西方意识形态话语的斗争中，对微媒体上意识形态话语声音的分歧，能做出正确选择，能积极支持我国主流意识形态话语，当然这也对我国微媒体上主流意识形态的话语内容和话语方式提出了更高要求。

第三节 优化工作主体，提升化解风险能力

意识形态工作本质上是做人的思想工作，对教育者的素质有很高要求。开展高校学生意识形态工作关键靠队伍、靠人才，因此，不断提升意识形态工作队伍的能力和水平，是高校意识形态工作的题中应有之义。高校党委要总揽全局，协调各方，牵头建立一支高校党委、院系领导逐

级领导的意识形态工作队伍。加强同上级有关主管部门、属地政府安全部门、保卫部门、信管部门、综治办等部门和网络微媒体运营商的协调配合，下大力气建设一支政治素质高、谙熟微媒体的工作队伍，重中之重是建设好以下三支队伍。

一、加强高校思政课教师队伍建设

思政课教师是高校意识形态工作的主力军，他们的思想政治素质直接关乎到高校意识形态工作的成败。然而，当前有些思政课教师的素质离党和国家的标准要求有一定距离，要从以下几方面加强思政课教师队伍建设：

（一）严把思政课老师准入关

把好思政课教师队伍入口至关重要。在引进新思政课教师时，要重点考察他们是否完全认同我国主流意识形态，防止政治不合格的人进入思政课教师队伍。要明确思政课教师的任职条件、专业理论背景和知识结构，建设一支政治强、业务精、纪律严、作风正的专兼结合的思政课教师队伍，加强对他们的专题培训，引导他们做到真信、真用、真教马克思主义，决不允许各种攻击诽谤党的领导、抹黑社会主义的言论在大学课堂出现；决不允许各种违反宪法和法律的言论在大学课堂蔓延；决不允许教师在课堂上发牢骚、泄怨气，把各种不良情绪传导给学生，坚决执行政治素质一票否决制。

（二）提升思政课教师微媒体使用能力

网络微媒体开辟了主流意识形态在高校学生中传播的新通道，有利于做好主流意识形态在高校学生中传播的反馈，高校思政课教师一定要与时俱进地利用好这个新的工作抓手，网络"微"时代也为思政课教师提出了熟练使用微媒体的新要求，要求他们会编辑微博，会制作微课、微视频，提前通过微信、微博做好调查摸底，分析学生的点赞评论，广泛收集学生的反馈信息，使学生带着问题上课来，带着满意下课去，打通理论灌输的最后一公里，实现课上课下、网上网下的有机统一，一些高校思政课教师通过开设的微信号大大提升了教学实效。2016年11月17日，时代楷模大连海事大学辅导员、思政课教师曲建武以个人名义注册了微信公众号"仍然在路上（rrzls1957）"，始终围绕大学生思想政治教育定期发布推文，截至2022年3月16日，已发布1663篇原创内容，每篇推文均获得了良好的传阅效果，无疑是一个可供借鉴的范式。作为个人思想政治教育的微信公众平台，"南航徐川"的关注人数高达10万余人，其发布的《我为什么加入中国共产党》推文一度引起全国轰动，并先后被人民日报、团中央等官微转发，阅读量很快突破10万，同时又陆续被300多个微信公众平台转载，并被《新闻联播》《焦点访谈》等主流权威媒体多次报道。北京工业大学马克思主义学院教师沈震组织研发的一套辅助高校思政课课堂教学的智慧教学软件平台，通过手机实现师生在线实时互动交流和全程大数据记录评价分析，大大提高了学生到课率和抬头率。高校要积极创造条件，组织思政课教师参加有关微媒体运用技术的培训，提升他们做好网络意识形态教育工作的本领。

（三）加强思政课教师思想政治教育

"办好思想政治理论课关键在教师，关键在发挥教师的积极性、主动性、创造性。"❶ 在2019年3月召开的学校思想政治理论课教师座谈会上，习近平总书记的重要讲话为高校思政课教师队伍建设指明了方向。思政课教师思想政治素质如何，他们的理想信念坚定与否，事关高校立德树人根本任务的落实。高校要对照习近平总书记提出的"六要"要求，即政治要强、情怀要深、思维要新、视野要广、自律要严、人格要正，把思想政治教育作为教师队伍建设的核心来抓。健全教师政治理论学习制度，安排定期教师政治理论学习，组织教师参加实地考察和现场教学，使他们在社会实践中增强"四个自信"，为他们搭建交流分享平台，共享教学资源，不断提升思政课教师的专业素养，引导他们积极针对高校学

---

❶ 新华社评论员. 打造高素质的思政教师队伍——论学习贯彻习近平总书记在学校思政课教师座谈会重要讲话精神 [EB/OL]. （2019-03-19）[2022-04-25]. http://www.xinhuanet.com/politics/leaders/2019-03/19/c_1124255670.htm.

生的理论困惑开展教学，坚持从学术角度提升课堂的理论高度，把包括习近平新时代中国特色社会主义思想在内的中国特色社会主义理论等主流意识形态观点理论讲准、讲深、讲透。思政课教师积极推动思政课改革创新，努力做到习近平总书记提出的"八个相统一"，即要坚持政治性和学理性相统一；坚持价值性和知识性相统一；坚持建设性和批判性相统一；坚持理论性和实践性相统一；坚持统一性和多样性相统一；坚持主导性和主体性相统一；坚持灌输性和启发性相统一；坚持显性教育和隐性教育相统一，从而不断提升课堂的针对性、吸引力和实效性，引导学生自觉认同践行马克思主义。

二、加强高校辅导员队伍建设

高校辅导员是高校教师队伍的重要组成部分，是守住高校宣传思想主阵地的重要支撑，其意识形态工作的能力和水平在一定程度上影响着高校意识形态工作的质量和成效。为此，要以提升辅导员意识形态工作能力为核心，建立健全网络"微"时代高校辅导员意识形态工作能力培养长效机制。

（一）把好高校辅导员准入关

高校要按照政治强、业务精、纪律严、作风正的要求选聘辅导员，中共中央、国务院印发的《关于进一步加强和改进大学生思想政治教育的意见》明确规定："在事关政治原则、政治立场和政治方向问题上不能与党中央保持一致的，不得从事大学生思想政治教育工作。"这是新形势下建立健全高校辅导员意识形态工作能力培养长效机制的前提条件，也是确保高校意识形态工作实效性的组织基础。

（二）开展好辅导员学习培训

高校党委要科学规划辅导员意识形态工作能力培养工作，制订并执行相关学习培训计划，如建立辅导员集中理论学习制度、辅导员沙龙交流制度，组建辅导员名师工作室，组织辅导员参加校内、省内、国家等不同层面的专题学习、培训、进修和参观考察，就意识形态工作理论、政策、技能等问题开展系统培训，增强辅导员队伍的政治意识、责任意识、阵地意识和底线意识，有计划分批次组织选拔辅导员到兄弟院校及地方的宣传部门挂职锻炼，开展高校辅导员微媒体使用培训，鼓励他们利用网络微媒体开展形式多样的意识形态教育活动。

（三）建立辅导员意识形态工作能力考评机制

高校组织、人事、学工部门应紧密依据教育部印发的《普通高等学校辅导员队伍建设规定》《高等学校辅导员职业能力标准（暂行）》等文件要求，结合本校实际，制定科学合理的辅导员意识形态工作能力考核评价与激励指标体系，合理确定各项指标的权重，加强辅导员意识形态工作能力考评。还可考虑实行辅导员退出机制，实行辅导员意识形态工作一票否决制，对于政治立场不坚定、政治方向摇摆、意识形态工作出现重大问题的，必须及时调离辅导员岗位。

三、加强高校网络评论员队伍建设

网络评论员队伍是高校网络微媒体舆论工作的重要主体，其主要职责是依托网络媒体开展网上舆论疏导和思想引导工作，网上意见领袖是其中的典型代表，这支队伍力量的强弱和素质的高低，直接关系到高校网络舆论工作的成效，"高校网络评论员作为网络思想引领和舆论引导的中坚力量，对于创新网络思想政治教育、推动网络清朗空间建设具有举足轻重的作用。"❶鉴于当前我国部分高校网络评论员队伍建设工作存在重视程度不够、职责不够明确等问题，需要从以下几方面加以完善：

（一）完善高校网络评论员选拔培养机制

高校党委要将其纳入全校思想政治教育工作总体部署，建立专门网络评论员队伍建设领导工作小组，要按照"思想政治素质高、评论写作能力强、网络运用能力强、法律素养高"的标准做好网络评论员队伍的

---

❶ 王峰，李丽鹏，郑晴晴. 高校网络评论员队伍培育路径探究［J］. 学校党建与思想教育（下），2016（05）：63.

选拔工作，除了学校"两办"、组织部、宣传部、学工部、团委、网管中心主要负责人，思政课教师外，还要在党员学生、学生干部中遴选骨干分子，选拔骨干成员参加校园安全、民族与宗教等专题培训，不断提高网络评论员队伍成员化解校园意识形态安全隐患的能力。

（二）建立网络评论员队伍建设保障机制

学校党政要加大相关硬件、软件建设方面的资金投入，在人员配置、工作场所等方面给以适当倾斜，还要建立奖励机制，加强监督和考核，将工作表现与职务晋升和荣誉评定挂钩，对于表现突出的学生网络评论员给予适当的勤工助学补助，在入党、评优、奖学金评定、助学金评定等方面给予适当照顾，除了物质奖励外，还要注意精神奖励，可考虑每年召开一次优秀网评员表彰大会，从而吸引更多的师生加入到网络评论员队伍当中来。2017年7月，吉林大学印发了《吉林大学网络舆情类成果认定办法（试行）》，鼓励网络正面发声，将网络舆情类成果界定为优秀网络文章和网络舆情信息稿件两大类，实现哲学社会科学网络舆情类成果认定管理的规范化、制度化。

第四节 丰富工作渠道，发挥微媒体作用

丰富工作渠道是做好高校学生意识形态工作的内在要求，网络微媒体给高校学生意识形态认同工作带来了诸多机遇，首先，它以传播速度的快捷性提升了主流意识形态在高校学生中的传播效率，微信、微博等微媒体的直播功能可以让高校学生用手机实时观看党的重大会议活动直播，各类微信的转发功能会使得主流意识形态信息在极短的时间内呈现几何式的扩散。比如，自2017年以来，由教育部高校思政课教学指导委员会主办、武汉大学马克思主义学院承办的五届"我心中的思政课"全国高校大学生微电影展示活动，每年都收到各省市推荐的300多部作品。

总之，网络微媒体已成为高校意识形态教育工作必须占据好的新场域，"宣传思想阵地，我们不去占领，人家就会去占领；社会主义不去占领，资本主义就会去占领；主流意识形态不去占领，非主流意识形态就会去占领。"❶ 我们要牢固树立阵地意识，积极抢占各类微媒体阵地，充分利用网络微媒体的优势，加速网络微媒体利好方面与意识形态工作的有机融合。综合考虑网络微媒体的功能特点及其在高校的普及程度，本节主要探讨如何利用微信、微公益、思政课微课、微博来提升高校学生主流意识形态认同。

一、加强思政课微课开发运用

2016年12月，习近平总书记在全国高校思想政治工作会议上指出，"做好高校思想政治工作，要因事而化、因时而进、因势而新""要运用新媒体新技术使工作活起来，推动思想政治工作传统优势同信息技术高度融合，增强时代感和吸引力"❷。这为推进新时代思政课的建设和发展指明了方向。微课是有发展前景的新事物，高校思想政治理论课微课（以下简称"思政课微课"）是高校思政课形式创新的产物，它凭借自身优势能提升思政课主渠道作用的发挥，比如，它有利于促进优质思政课教学资源的共建共享，有利于提高思政课教师的教育技术综合运用能力，其学习的便捷性、超时空性满足了网络时代高校学生快餐式知识学习的需求，此外，其强烈的视听冲击和短小精悍特点有利于高校学生保持学习注意力。所以，我们必须重视思政课微课的开发利用。鉴于当前部分高校师生对微课的认知存在偏差、大面积推广存在一定困难、制作标准不统一等问题，我们要从以下几方面加强思政课微课的开发运用。

（一）建立高校思政课微课协同工作机制

微课工作通常涉及多方面内容，不仅需要任课教师队伍的参与，更

---

❶ 蒋建国. 凝聚在共同理想和信念的旗帜下 [M]. 北京：人民出版社，2013：286.
❷ 习近平. 把思想政治工作贯穿教育教学全过程 [EB/OL]. (2016-12-08) [2022-04-25]. http://www.xinhuanet.com/politics/2016-12/08/c_1120082577.htm.

需要行政主管领导的支持，以及网管等部门的配合。为提高高校思政课微课建设水平和工作效率，改变当前思政课微课建设相对滞后的状况，高校要打造微课设计、制作和推广运用的协同机制，建立由各高校主管思政课的领导牵头，由教务处、马克思主义学院（思政教学部）、电教中心、网络管理等部门负责人组成的工作队伍，组建思政课微课教学团队，学校加大投入，建立专门的录制场地，为教师统一购买软件，建立网站平台，加强技术培训，建立完善的奖励机制和学生学习使用评价机制。还要加强高校之间优质教学资源的分享，明确思政课微课开发的目的是运用于教学和方便广大学生学习，使教师教得更轻松，学生学得更高效，从而潜移默化、寓教于乐地增进学生对主流意识形态的认同。

（二）制定高校思政课微课推广标准

要打造优质微课，就必须制定严格标准，否则不但会造成人力财力的浪费，还会影响思政课微课教学的实效。因此，要建立微课设计、制作的规范与标准。思政课教师可按照以下"四有"标准设计微课：一是有"知识"，选题要高度聚焦，具有高区分度，要聚焦到教材的重点、难点或者是理论热点，而不宜大、全、散，力求新颖，紧跟社会理论热点；二是有"方法"，合理设计好逻辑，注意设置铺垫、高潮和结尾，还要注意各环节的合理衔接，合理驾驭学生的思路；三是有"意境"，要设计合理的教学情境，善于利用多种教学素材，要精心锤炼语言，语言要有幽默感、时代感，多用充满正能量的新词热词，合理利用修辞，尽可能使用对偶句或排比句，课程导入要力求新颖、有趣，最好能在 20 秒内把学生吸引住；四是有"启发"，注重开展启发式的教学，注意采用延续悬念式的结尾方式，不断提升微课的理论深度。

（三）不断提升高校思政课教师微课制作能力

鉴于要实现规模化的微课教学，除了具有较强的微课设计能力外，高校思政课教师还必须具有较高的微课制作能力，为此，要加强教师的技术培训，使他们掌握视频录制、剪切和后期加工的能力。广大教师要注意以下微课技术层面的细节：一是要会熟练地使用 Studio 录屏软件、

Corel Video Studio 视频编辑软件；二是教师出镜不要太多，可以考虑完全不出镜，也尽量不让学生出现在镜头中；三是教师要控制好讲授语速，实现讲授与画面的同步；四是呈现的画面要稳定清晰，最好不要呈现静态画面；五要精心制作好PPT，做到画面清晰简洁，单张PPT的颜色尽量不超过三种，色彩搭配要柔和，不能太花哨，图片的切换不太多，PPT每页文字不宜超过30个，微课视频时长不超过15分钟。

二、积极打造高校官方微信品牌

当前，微信在很大程度上改变了高校学生生活方式，也逐渐成为对高校学生意识形态认同影响最大的新媒体之一。高校官方微信（全称为"高校官方微信公众平台"）是指由高校认可建立，并由高校党宣、学工、团委等部门负责管理运行的微信公众号。当前我国各高校普遍注重发挥官方微信的作用，比如，"广西大学现有'西大团学小微'等160个微信公号、628个微博账号，聚拢了粉丝逾10万，每周累计推送原创正能量信息逾200条，每月浏览、转发、评论的人数逾30000人次。"[1] 作为移动互联网时代校园传播的重要载体，高校官方微信应肩负起弘扬主旋律、传播正能量的崇高使命，在传播内容上体现出我国主流意识形态的要求，在文化引领、舆论引导等方面发挥重要作用，不断引导学生主动接受并认同主流意识形态。做好高校官方微信管理运行，需要我们要着重做好以下工作。

（一）完善高校官方微信工作模式

打造结构合理、运转高效的工作模式是发挥高校官方微信在学生意识形态工作的作用的重要基础，高校要着眼长远，打造长效机制：首先，加强资源整合，统筹学校、学院、职能部门和各级学生组织的"微平台"，将众多名字内容相近、定位风格接近的学校官方微信功能整合到一

---

[1] 唐平秋，董浩然. 微媒体背景下高校意识形态话语权的挑战及对策［J］. 中国记者，2017（03）：72-75.

起，同时要加大对高校官微的宣传力度。其次，建立严格审核制度，建立关于高校官微运行机制及监督保障机制，严格规定信息发布流程和审核程序，建立完备的信息追踪和监测过滤体系。最后，建立一支强有力的管理队伍，队伍由学校主管领导，学工、党宣、组织、团委和网管等部门负责人，网评人员，思政课教师，学生干部组成，领导老师负责管理制度的制定和内容的审核，主管老师和学生干部负责具体运行操作，重点关注学生的言论并及时反馈。学校应当加大投入，在场地、人员等方面大力保障，建立人员培训制度。

（二）加强高校官方微信内涵式发展

高校官微建设一定要体现时代性、群众性、实用性和趣味性，在坚持弘扬主旋律原则的基础上，兼顾广大学生的利益，只有这样才能赢得学生粉丝。高校要针对学生对微媒体依赖性强、接受微媒体信息快的特点，切实加强官微的内涵建设：一是将高校官微定位为宣传我国主流意识形态的途径和载体，始终坚持正面宣传，结合学校特色和定位取名，以吸引学生的注意力，比如，北京石油化工学院的"石小化"、成都职业技术学院的"明德 e 堂"等；二要科学完善内容板块，设置政策解读、先进人物、新闻递送、服务通知、权威发布、他山之石、网络评论、理论探讨、专家访谈、在线交流、影视资料、电子书、图片展等内容模块，及时发布正面的微视频、微故事，充分利用国庆、公祭日等重要节点，加强网上革命传统教育，打造名副其实的影响力强的移动指尖微课堂，比如，除了常见的"学院新闻""信息发布"外，北京大学马克思主义学院官微还开设了"学者新论""硕博新见"等特色栏目。

（三）培育高校官方微信活动品牌

"校园活动被称为'隐形课程'，对高校学生的成长成才具有潜在的、无形的和不可抗拒的影响"❶。校园文化活动和实践活动是开展高校学生意识形态教育的有效途径，有利于提升意识形态工作的感染力和说服力。

---

❶ 侯丹丹．浅析高校校园文化活动［J］．思想教育研究，2009（S1）：124．

高校要利用官方微信开展学生喜闻乐见的教育活动，不断培育特色品牌，随时传递正能量、微能量，实施润物细无声式的教育，比如，通过微信开展"我与祖国共奋进"海报设计比赛、"中国梦，我的梦"主题演讲比赛，还可以举行类似"万名学子共话十九大"专场报告会，进行网络直播，让学生在手机上观看直播时可以实时发表感想。为了增进高校学生的中华文化认同，提升他们的文化自信，可考虑举办"知党爱党颂党"古诗词创作比赛，等等，在学校官方微信平台上发布学生参赛作品。当然，活动中要注意加强社会主义核心价值观的教育引导，力求达到"于无声处听惊雷"的效果。比如，北京大学马克思主义学院利用官微开展"硕博新见"活动，定期邀请在读博士、硕士进行理论宣讲，九江学院利用官微开展"经典原著接力朗读"活动，每期邀请一名学生利用2~3分钟时间朗读马克思主义经典著作的片段。

三、加强高校官方微博建设

高校官方微博同样在学生意识形态工作中有着独特的地位和功能，比如，它能通过发布正能量的信息引导学生思想；它能通过"评论""回复"的方式与学生搭建一对一或一对多的互动交流平台，能及时了解学生意识形态领域的新问题、新动态；它还能通过转发量、投票量等数据了解我国主流意识形态传播效果。随着微信的日益普及，高校官方微博有式微之势，但是它依然在高校思想宣传工作中发挥着重要作用。我们必须看到，当前高校官方微博存在以下问题：一是意识形态教育功能不突出，目前高校官方微博的博文内容绝大部分都是高校的信息发布，涉及主流意识形态的内容较少；二是内容更新较慢，极少数高校官方微博几乎成为"僵尸"微博，逐渐导致鲜有学生关注。因此，高校要本着占领意识形态阵地的思想，加强高校官方微博的建设。

（一）强化高校官方微博对主旋律的宣传

高校官方微博要改变当前以信息发布为主的特点，强化对主旋律的宣传，微博内容应该紧跟时代主题和时事政治，可以涉及我国主流意识形态内容的各个方面，尽量使用学生喜闻乐见的语言形式，并且与图片、视频和音频相结合，以增加微博的生动性和趣味性，以会聚更多高校学生粉丝。高校官方微博要及时发布承载中国优秀传统文化的信息，使高校学生读懂中国故事，听懂中国声音。还可以考虑积极利用微博辅助教学，通过微博把思政课的内容融入课堂教学中，积极利用微博开展课堂师生互动，提高课堂吸引力。

（二）打造校际官方微博联动共享平台

高校官方微博公众号不应仅仅作为校园媒体而存在，还应突破校园界限，实现学校之间微博的联动，以共享宝贵的意识形态教育资源。各高校要打造独具学校特色的本校官方微博，尤其是特色鲜明的行业高校要充分挖掘自己的优势。比如，2019年3月31日，武汉大学、上海交通大学、天津大学三所高校在微博上率先发起拉歌活动，截至2019年4月3日，拉歌接力活动覆盖全国百所高校，此次网络拉歌活动通过新媒体平台传递，引发全社会广泛关注，很快成了网络热搜话题，各校拉歌视频播放量达到2600万。❶ 高校微博之间要共享主流意识形态教育资源，对于各类舆论热点事件，各高校可以凭借自己的历史、学科等优势从不同角度进行权威解读，并通过微博及时共享。

（三）利用高校官方微博开展创新性主题教育活动

主题教育活动是我们党思想政治工作的传统方式，在高校学生中开展主题鲜明、内容贴切、形式得当的主题教育活动，能达到寓教于乐、润物无声的育人目的。微博已成为高校学生获取、发布信息和进行社交的重要方式之一，同时也给形式固化的主题教育活动带来了难得契机，于是高校要通过官方"两微一端"开展有新意的主题教育活动，比如：2018年，共青团中央联合北京字节跳动科技有限公司在世界戏剧日开展的"我要笑出国粹范"抖音挑战赛，在五一劳动节开展的"这是你的第

---

❶ 青春，为祖国歌唱——高校师生网络拉歌献礼祖国［EB/OL］．（2019-04-03）［2022-04-25］．http：//www.xinhuanet.com/2019-04/03/c_1124323242.htm.

几个劳动节"抖音挑战赛；2018年重庆市共青团开展了"抖出你奋斗的青春，抖出越来越自信的你"抖音挑战赛；2019年，在庆祝新中国成立70周年之际，山东师范大学、河北师范大学等高校利用抖音开展了"我和我的祖国"校园快闪活动，吸引了大量师生参加，产生了很好的育人效果。

四、妥善开展校园微公益活动

随着互联网的飞速发展，特别是2009年微博的广泛使用有力带动了微公益的迅猛发展。作为一种新型的公益模式，微公益凭借其便捷性、新颖性得到了高校学生的积极关注和参与，比如，西北师范大学一学生通过新浪微博开展了"爱尚微公益——拍卖愿望"微公益活动，2013年进行微博拍卖，为贫困儿童提供了大量帮助。我们要从多方面为高校学生参与微公益活动创造机会和条件，就当前而言，主要做好以下工作：

（一）强化高校校园微公益平台建设

公益无处不在，不同形式的微公益活动不断产生，但是真正适合、方便学生参与的微公益活动并不多，因此，我们必须重视公益平台建设，丰富工作抓手，需要做好以下两方面工作：一是开展高校公寓微公益活动，以提升高校学生的社会责任感，学生公寓是高校学生们日常生活之地，公寓公益方式多种多样，学生们可以配合或协助公寓区管理者开展一些力所能及的活动，比如，爱心义卖、节约用电宣传、宿舍安全宣传教育，等等。二是高校要充分利用大学生志愿者协会等社团，营造充满公益精神的校园文化，加深学生对微公益的认知，促进他们积极践行社会主义核心价值观。

（二）加强对高校校园微公益活动的监管

诚信是微公益的生命线，谁来监管高校校园微公益？如何监管高校校园微公益？针对这些管理瓶颈，高校需要加强制度构建，建立健全微公益网络平台安全监管制度，鉴于目前虚拟网络空间仍存在安全隐患，虚假的微公益信息不仅骗取高校学生的钱财，也严重影响着他们的参与热情，因此，高校要教育引导学生正确辨别微公益工作以及网络微公益活动的真假，加强网上和网下监控，密切跟踪学生参与的微公益活动，注重对相关组织单位、活动内容的审查，防止学生上当受骗。

（三）以志愿服务推动微公益开展

当前，高校学生志愿服务活动形式多样，一些高校对学生志愿服务活动参与做了硬性规定，比如，2012年，天津科技大学就将"公益服务"列为大学生必修，使得高校学生参与面、覆盖面不断扩大，但是从范围来看，参与微公益的高校学生数量依然不太乐观。鉴于志愿服务活动与微公益活动在对学生培养教育方面有异曲同工之妙，高校可以考虑将线上的微公益活动项目与线下的志愿者服务相结合，以力求达到"1+1>2"的结果。2015年，中央文明办、民政部、共青团中央下发了推广应用《志愿服务信息系统基本规范》的通知，从而为高校线上"微"公益提供了制度依据，高校可以将志愿者服务模式与"互联网+"平台进行改造融合，以全国性志愿者服务平台建设为契机，通过"互联网+"志愿服务建设"PC+手机端"微公益信息平台，让更多的高校学生参与到微公益之中来。

第五节 优化工作环境，强化监管引导

加强对高校学生意识形态工作环境的整治，巩固党对意识形态工作管理权是妥善应对意识形态工作面临的挑战和风险的需要，更是巩固我们党执政权威和合法性的需要，鉴于各类网络微媒体已成为非主流意识形态蔓延的主要场域，成了当前影响高校学生意识形态认同的最大新变量，因此，结合本书前面章节分析的网络微媒体影响高校学生意识形态认同的主要途径，我们需要从以下几方面建立健全校园微媒体监管机制。

一、完善网络微媒体信息查处制度

在当前网络"微"时代，非主流意识形态主要通过网络发布信息发挥破坏作用，微媒体上反动、虚假的非主流意识形态的传播极大地危害了高校学生对主流意识形态的认同，因此，我们必须对症下药，加强对微媒体上有关意识形态安全信息的跟踪、分析、排查和处置。

（一）建立网络微媒体信息排查机制

首先，建立网络微媒体信息筛查制度。要将意识形态安全隐患扼杀在萌芽状态，要从以下两方面采取措施：一方面，要建立信息排查制度，高校意识形态工作有时存在一定的滞后性，要将工作重心前移，做好事先防御，建立完善的信息排查制度和信息报告制度，及时掌控学生意识形态安全现状和存在的问题，系统地收集、分析和判断学生网络微媒体中的舆论情况，明确思想宣传部门工作人员、学生工作队伍、思政课教师，以及学生党员干部等对学生关注的微媒体的监管职责。另一方面，要及时了解学生关注的热点，结合网络大数据加大对高校网络信息传播的管控力度，扩大监控范围，利用关键词搜索各类微媒体上的信息。还要加强与当地公安和国家安全部门的联系，做好信息沟通工作，建立举报系统，设立举报奖励制度，做好信息报告制度，安全事件第一时间报告，实行逐层上报制度。

（二）建立网络微媒体信息处置预案

制定突发事件处置预案是做好高校学生意识形态教育工作的内在要求。要建立统一指挥、功能齐全、反应灵敏、运转高效的意识形态安全预警系统和应急预案，成立突发事件处理领导机构。意识形态安全事故发生后，要立刻启动应急处置机制，处置过程要杜绝关键时刻失语，高校专家型微媒体意见领袖要及时针对学生关注的国内国际突发性事件、社会热点问题及其他敏感性问题，有针对性地答疑解惑，要及时引导舆论，疏导学生情绪，注重引导网评员和学生意见领袖及时在微媒体上发声，第一时间屏蔽微媒体上的虚假、反动信息，除了涉及国家安全的内容外,尽可能将真实情况公布于众,让学生网民早知情,从而使得网络微媒体上意识形态安全事件能得到及时妥善处置,将损失降在最低限度之内。

二、加强立法执法工作

网络微媒体的健康发展离不开法律的保驾护航,只有健全我国网络立法,注重依法治网,运用法律的强制性手段防范和打击网络微媒体上的失范行为,才能最大限度地减少不良言行给高校学生意识形态认同带来的负面效应。实际上,西方国家一直注重通过法律法规来维护意识形态安全,美国《爱国者法案》规定了极为严格的网络审查制度和监管措施;德国政府对破坏国家民主秩序的网络言论处罚措施异常严厉,有多部法律直接适用于网络谣言管制;❶ 此外,为打击网络违法犯罪行为,自1990年起,英国制定了《计算机滥用法》和其他单行法规,将非法侵入、窃取信息、篡改信息和传播网络病毒定性为犯罪,2006年英国制定的《反恐怖法》明确规定,在各类媒体上美化、粉饰和支持恐怖行为的言行为犯罪行为,这些做法都非常值得我们借鉴。

(一)要加强立法工作

习近平总书记多次强调,网络空间治理要高度重视和充分运用法治思维和法治方式,坚持依法治网。目前,我国已经出台了一些旨在维护有关网络的意识形态安全法律法规,比如,《全国人民代表大会常务委员会关于维护互联网安全的决定》《互联网信息服务管理办法》《信息网络传播权保护条例》,尤其是2018年4月27日,十三届全国人大常委会通过的《中华人民共和国英雄烈士保护法》第二十二条规定:"任何组织和个人不得在公共场所、互联网或者利用广播电视、电影、出版物等,以侮辱、诽谤或者其他方式侵害英雄烈士的姓名、肖像、名誉、荣誉。"这

---

❶ 杨军. 互联网已成意识形态交锋的主战场[EB/OL]. (2014-04-20)[2022-04-25]. http://www.qstheory.cn/wh/whsd/201404/t20140420_341901.htm.

也为我们处罚微媒体上危害国家意识形态安全的行为提供了法律依据，但是当前还存在一些互联网法律监管的盲区，比如，如何监控网络直播，如何管理网络"水军"，等等，还需要立法工作者不断努力。此外，要注意加强对高校学生的网络法治教育，要结合高校学生破坏国家意识形态家安全的违法犯罪案件，通过课程、讲座、主题研讨等多种形式宣传好《中华人民共和国国家安全法》等法律法规，让他们远离危害国家意识形态安全的违法犯罪活动，做一个遵纪守法的好网民、好学生。

（二）加强行政执法

依法治网是捍卫国家安全的需要，高校学生网民网上行为尤其需要监督、管理和引导。微媒体运营商以及包括高校学生在内的"微"网民行为必须被束缚在法律的笼子里。当前有些网络微媒体上流传的反主流意识形态、恶意攻击社会主义制度、威胁我国政治安全的言论并没有受到法律制裁，不是没有可以援用的法律，而是执法层面出了问题。因此，我们要建立网络微媒体安全执法机制，建立专门的信息安全执法机构，增加从事各类网络微媒体监管的执法人员数量，提高信息安全执法人员的素质。在确保"有法可依"的同时，还要注意做到"违法必究"，设立监督举报制度，设立网络微媒体 24 小时举报电话，实行有奖举报。政府有关管理部门要经常召集高校、微信运营商等有关方，加强工作研讨，积极敦促运营商提高微媒体申请条件，严格资质审查，不留安全隐患。

三、引导学生参与主流意识形态建设

在曾经较长的一段时间内，我国高校意识形态工作者只是将学生当成被管理对象，认为学生在高校意识形态工作中的职责就是学习、认同主流意识形态，没有认识到他们在工作中的主体地位，自然就谈不上调动他们参与意识形态建设的积极性、主动性。美国学者贺拉斯·曼曾说："不激发学生的学习热情而想要硬塞的教师，不过是在锤打冰冷的铁。"❶

---

❶ 宋金慧. 激发兴趣，学乐双收［J］. 中国科教创新导刊，2013（03）：199.

当前，我国极少数高校学生宣传主流意识形态的积极性不高、自觉驳斥非主流意识形态的积极性也不强，因此，根据马斯洛需要层次理论，我们可以通过多种措施不断激发高校学生的需要动机，调动他们参与我国主流意识形态建设的积极性和主动性。

（一）提升学生意识形态安全意识

培养高校学生意识形态安全意识需要从以下两方面着手：一方面，加强意识形态重要性教育。当前一些高校学生参与意识形态建设积极性不高的主要原因是缺乏意识形态知识，认识不到意识形态安全的极端重要性，对意识形态的内容、特点、重要性掌握不够，认识不到非主流意识形态的特点和危害，没有意识到自身是维护国家意识形态安全的中坚力量，为此，必须通过思政课、报告会等形式，让他们掌握好我国主流意识形态内容、特点，以及意识形态安全在国家安全战略体系中的极端重要地位和作用，让他们切实认识到自己所担负的重任。另一方面，要加强我国意识形态形势的教育。一些高校学生正是因为对当前意识形态领域敌我双方斗争的长期性、激烈性了解不够，对当前我国意识形态安全面临危害的种类和严重程度缺少应有了解，最终导致高校学生认为无须关注、参与意识形态建设，使得他们不能自觉同危害主流意识形态的言行做斗争，因此，我们要加强高校学生意识形态形势教育，定期不定期通过形势研讨会、报告会等形式，分析新近发生的意识形态安全事件及其危害，让高校学生不断提升自己意识形态安全意识。

（二）提升学生参与意识形态建设的积极性

高校学生是宣传我国主流意识形态、抵制危害国家意识形态安全言行的重要力量，我们要从以下两方面建立长效机制：一方面，要完善学生意识形态建设参与机制，高校或其他主管部门要积极制定有关办法文件，明确学生组织参与意识形态工作的范围、形式、途径和程序，赋予学生组织参与意识形态工作的合法地位。要鼓励学生上讲台，倡导学生自我教育，遴选表现优秀的学生讲党课、团课，以带动更多的学生学习传播主流意识形态。从高校学生中遴选政治素质高、写作能力强并在学生中有较高威望的学生担任网络评论员，利用朋辈力量引导学生舆论。为学生提供参与学校意识形态工作的机会，邀请学生参加理论研讨会，听取学生对国家意识形态建设的意见和建议，邀请他们参与学校官方微博、官方微信的信息采编工作，等等。另一方面，完善学生参与意识形态建设考评机制，要完善相关考评体系，科学量化学生参与意识形态建设的情况，将他们参与意识形态建设的表现和实效纳入学生评优、入党、推荐就业及其他奖励的评定指标。设立奖惩机制，定期评定在意识形态工作中表现突出的学生理论社团和学生网络评论员，甚至还考虑评定学生意识形态工作优秀活动，给予相应物质和精神奖励。还要做好宣传推广工作，积极利用学校校报、官网、校园官方微博微信宣传先进集体和个人的典型事迹，在全校范围内营造人人关心、支持、点赞学生参与意识形态建设的良好氛围。

四、加强高校学生理论社团建设

高校学生理论社团是指在高校宣传、组织、学工或共青团部门的领导下，由学生自行管理运行的学习、研究思想政治理论的学生群众性组织。它不只是学生学习理论的群体组织，更是学生开展马克思主义自我教育的新阵地。十多年来，不少高校学生理论社团在高校学生意识形态教育工作中扮演了非常重要的角色。为更好地发挥其作用，高校可以开展以下两方面工作。

（一）积极支持学生理论社团发展

从成员来源特点看，高校学生理论社团成员基本上都是具有坚定马克思主义理想信念的先进青年，社团开展的活动能促进他们对马克思主义的认同践行，还有助于在广大学生中营造浓郁的学理论氛围。所以，高校学生理论社团一直得到了高校的支持，比如，中国人民大学的青年马克思主义研究会、北方工业大学的思行学社、北京石油化工学院的求实社，等等。这些社团均以传播马克思主义为己任，不断开展独具特色的理论学习活动，比如，中国人民大学的青年马克思主义研究会定期组织《资本论》学习研讨会。因此，高校要从时代和全局高度，积极支持高校学生理论社团的成立发展，加强指导，积极提供场地、经费等方面的支持，还要为理论社团配备好指导教师，选配理论功底深厚、工作经验丰富的思政课教师担任指导教师，有些高校就此方面做出了表率，比如，2016年12月20日，北京科技大学成了"时代凌宇·求是理论奖学金"，成为全国第一个设立学生理论社团奖学金的高校。

（二）不断丰富学生理论社团活动内容

学生理论社团的主要职责是开展形式多样的学习活动，"内容也不只限于马克思主义理论，要用马克思主义的观点立场方法来观察世界、分析世界，包括时政、社会思潮以及社会现象的热点和难点，必须要解决学生的实际困惑，论坛、沙龙也好，网页、刊物也罢，好的研究成果要注重宣传汇报，要让其在学生中产生影响"。❶ 高校学生理论社团要大胆探索，积极创新，紧密围绕马克思主义重大理论问题，以及重要社会热点问题和政治事件，借助网络微媒体开展形式多样的理论学习活动，营造浓厚的社团理论学习氛围，多开展马克思主义经典著作研讨活动，要注意搭建相关的学习交流平台，比如，为了分享学习党的十九大精神的感想体会，2017年10月，北京大学青年马克思主义发展研究会举办了党的十九大精神交流研讨会，邀请到了北京师范大学求索学社、中央党校崇实宣讲团等首都五校学生理论社团参加。❷

---

❶ 王明滨. 医学院校学生思想政治类理论社团建设的思考［J］. 首都医科大学学报（社会科学版），2011（07）：53.
❷ 北大青年马克思主义发展研究会发起举办"首都五校学生理论社团学习党的十九大精神交流研讨会"［EB/OL］.（2017－10－31）［2022－04－25］. http：//pkunews. pku. edu. cn/xwzh/2017－10/31/content_299820. htm.

第六节 创新工作方法，打造"微"话语体系

话语是承载和传播我国主流意识形态的重要载体和途径，话语权安全是意识形态领导权安全的主要体现，也是实现意识形态领导权安全的重要条件。"在社会化媒体环境中，教育者在网络空间的话语体系必须重新构建和不断创新。"❶ 我们必须看到网络微媒体给高校学生意识形态认同安全带来的机遇，它不但有利于高校学生更好地理解主流意识形态，还极大地挤压了西方国家意识形态话语的网上空间，"新媒体极大地降低了传播成本，互联网丰富的意识形态话语体系打破了西方在意识形态方面的垄断格局。"❷ 这为我们抵御西方意识形态霸权提供了便利，有利于帮助人们正确解读西方媒体对我国的歪曲报道，有利于消解西方意识形态话语对高校学生的影响，所以，我们要创新工作方法，针对高校学生的性格特点，不断打造有利于增进学生认知、理解和传播的，有利于在各种微媒体上传播使用的"微"话语体系。

一、选用适合高校学生的微话语

随着网络微媒体的迅猛发展，以及社会生活的急剧变化，网络上的"微"话语不断产生，微句子、微词汇、微段子层出不穷。但是，内容良莠不齐，因此我们不仅要认真甄别选用适合高校学生的微话语内容，同时还要巧妙设置网络微媒体议题，丰富高校学生意识形态工作的微话语内容。

---

❶ 陈勇，杜佳. 社会化媒体环境下思想政治教育面临的挑战及应对 [J]. 西南大学学报（社会科学版），2015（2）：49-54.
❷ 尹韵公. 新媒体蓝皮书·中国新媒体发展报告（2011）[M]. 北京：社会科学文献出版社，2011：22.

(一) 合理使用网络"微"言"微"语

"话语体系实际上是思想理论体系和知识体系的外在表达形式,它以工具性构架承载特定思想价值观念,以实体性表征标示思维能力"[1]。随着网络微媒体的迅猛发展,网民急剧增加,微媒体成为最大的信息传播集散地和社会舆论场,传播的主体多了,传播的内容多了,传播的渠道丰富了,再加上社会的发展变化等在很大程度上丰富了意识形态的话语体系,最为明显的体现就是网络话语的产生,比如,"正能量""蛮拼的""接地气""逆袭""点赞""给力""洪荒之力""打 call""后浪""逆行者"等充满正能的、新颖有趣的"微"语"微"言。首先,我们要正确认识这些网络"微"语,要认识到它们虽然不少是由广大网民创造的,但是作为一种动态的社会符号表征,网络流行用语不仅能够敏锐反映语言的最新发展动态,还能够及时地反映时代变迁,它有存在的合理因素,值得使用,所以,不能轻易否定和拒绝它们,要敢于运用它们,比如,"各级干部也是蛮拼的""让我们的'朋友圈'越来越大""大家撸起袖子加油干""我们都是追梦人""天上不会掉馅饼,努力奋斗才能梦想成真",等等。近几年习近平总书记发表的新年贺词金句得到了"微"网民的高度认同,并纷纷被"微"网民通过微博、微信转发,效果甚好。其次,要合理使用它们,要理解这些微词的本来意思,要正确把握这些微词的情感色彩,坚决不能使用反动、低俗、庸俗的微词。此外,还要考虑到这些网络微词的普及程度,慎用流传面小、接受面小的微词,绝不可为了使用而使用,还要考虑到高校学生对其的认可程度,以便与学生形成心理共鸣。[2]

(二) 巧妙设置网络微媒体议题

在网络"微"时代,浸泡在信息海洋中的高校学生的注意力已变得

---

[1] 王永贵,刘泰来. 打造中国特色的对外话语体系——学习习近平关于构建中国特色对外话语体系的重要论述 [J]. 马克思主义研究,2015 (11):5-14.

[2] 崔海英. 大学生网络思想政治教育话语创新研究 [J]. 思想理论教育,2016 (08):87.

稀缺。因此，如何吸引高校学生的注意成为主流意识形态话语建设的关键步骤，议题设置能起到有效吸引学生注意的作用。"议题设置是指在大众传播中突出某一事件，多次大量地报道某一事件，就会使社会中的公众突出地议论这一话题"❶，它是非常有效的吸引大众注意力的方法。在高校学生关注的网络微媒体上，要采用置顶、专题等方式将我国主流意识形态贯穿各类重大主题报道，多讲能够引起高校学生情感共鸣且有利于我国意识形态安全建设的议题，比如，针对"上北大、拿冠军、打海盗"的"90后"女青年宋玺，微信公众号"北京青年"及时推出了"我们该需要什么样的女生"的讨论话题。此外，设置议题时要了解高校学生的真实想法和普遍关注问题。

二、采用适合高校学生的话语方式

从受众视角而言，意识形态话语不能"自说自话"、单向灌输，要尊重受众的主体地位，充分考虑受众的接受习惯，要注意采用适合高校学生的话语方式。

（一）采用平等交互式的话语方式

在我国以往意识形态工作中经常出现以下尴尬情况："与新社会群体说话，说不上去；与困难群众说话，说不下去；与青年学生说话，说不进去；与老同志说话给顶了回去。"❷ 之所以出现这种现象，根本原因在于意识形态工作者没有认真研究工作对象，没有研究对方的话语需求和特点，缺少必要的情感因素，从而导致双方不在一个话语体系内或者频道上，难以产生情感共鸣。高校意识形态工作者必须与时俱进，密切关注网络文化的发展变化，果断放弃过去居高临下的说教口气和一味的单向灌输方式，转向采用平等交互式的话语方式，改变以往话语内容枯燥、话语形式单一、话语方式陈旧的弊端，结合网络微媒体特点和高校学生

---

❶ 管玉梅. 公共关系学［M］. 北京：机械工业出版社，2018：88.
❷ 双传学. 把发展优势转化为理论优势和话语优势［J］. 红旗文稿，2015（04）：22.

的心理行为特点，采用适合高校学生意识形态工作话语形式和方式，大胆借鉴积极向上的网络话语，通过一系列能够解释、统摄、升华我国主流意识形态的崭新话语，彰显我国主流意识形态话语的传播力与影响力。比如，2021年8月30日，"共青团中央"微博在关于西部计划广东地方项目"山区计划"面向全国的招募推送中，使用了"用不长的时间，做终身难忘的事""你是应届毕业生吗？你想要扎根基层吗？你想要实现人生理想吗？""等你来！趁年轻，走入乡村发现更辽阔的生活"等语句，这种平等互动式的话语方式非常有利于吸引高校学生的关注。

（二）加强意识形态话语中的情感渗透

"开展在道理上说服人、在情感上感化人、情理合一教育，使学生自身达理而通情、知理而动情，使他们早日成长为既有高智慧，又有高智商的社会主义事业接班人。"❶ 高校意识形态工作者必须认识到工作对象高校学生是情感丰富的群体，要加强在话语中的情感渗透，将校园微媒体信息赋予人格化语言表达，努力与学生建立情感连接，增强语言表达的亲和力，2021年5月20日，共青团中央在题为"我永远喜欢520"的推送中，配上了编号为520的军舰照片，巧妙地将"520""我爱你"与520号军舰联系在了一起。2021年8月29日，微信公众号"@央视新闻"以"山河早已无恙，英雄请回家！"为题，报道了祖国接人民志愿军烈士遗骸回国的新闻，三天内就有36万人次观看，还配上了"我们记得他们就活着"的文字，很容易让高校学生破防。需要注意的是，在当前流量为王的网络"微"时代，标题的成功就是新闻成功的一半，好的标题能吸引受众的眼球，能带来更多的点击和浏览，为增强微媒体上内容的育人实效，要注意优化文章标题，增加标题的冲击力，比如，"人民日报"微信号用《飞往南沙的空姐，这是水兵给你的情书》一文报道了南沙永暑礁新建机场试飞事件；再比如，《今天我和祖国抢"情人"》《我

---

❶ 冷文勇. 加强高校校园文化活动情感教育渗透的对策[J]. 北京教育（德育），2017（04）：51.

待祖国如暖男》《马克思是个"90后"》《南京大屠杀和你我有什么关系》等文章标题新意迭出，情理交融，容易吸引学生的眼球，很容易引起包括高校学生在内的年轻人的心理共鸣。

总之，维护网络"微"时代我国高校学生意识形态认同安全是一项复杂工作，需要把握意识形态认同的规律，针对学生意识形态认同存在的问题，提高工作的针对性和实效性。本章从工作原则、工作目标、队伍建设、环境建设、微媒体的使用、话语体系等方面提出了改进措施，由于篇幅有限，提出的措施可能不够全面，对标存在的问题，改进措施的针对性都有待提高，再加上高校学生意识形态认同方面的新问题、新情况还会不断产生，我们必须紧密关注，多管齐下，提高高校学生对我国主流意识形态的认同感以及对其他非主流意识形态的免疫力，牢固构筑巩固高校学生意识形态认同安全的防护体系，使高校真正做到守土有责、守土负责、守土尽责。

参考文献

一、经典著作、文献文件汇编

[1] 马克思恩格斯选集：第1—4卷［M］.北京：人民出版社，1995.

[2] 列宁选集：第1卷［M］.北京：人民出版社，1995.

[3] 毛泽东选集：第2-3卷［M］.北京：人民出版社，1991.

[4] 邓小平文选：第3卷［M］.北京：人民出版社，1993.

[5] 江泽民论社会主义精神文明建设［M］.北京：中央文献出版社，1999.

[6] 江泽民文选：第1-3卷［M］.北京：人民出版社，2006.

[7] 胡锦涛文选［M］.北京：人民出版社，2016.

[8] 习近平谈治国理政［M］.北京：外文出版社，2014.

[9] 十七大以来重要文献选编：上册［M］.北京：中央文献出版社，2009.

[10] 十七大以来重要文献选编：中册［M］.北京：中央文献出版社，2011.

[11] 十七大以来重要文献选编：下册［M］.北京：中央文献出版社，2013.

[12] 十八大以来重要文献选编：上册［M］.北京：中央文献出版社，2014.

[13] 中国共产党第十八次全国代表大会文件汇编［M］.北京：人民出版社，2012.

[14] 胡锦涛.高举中国特色社会主义伟大旗帜 为夺取全面建设小康社会新胜利而奋斗——在中国共产党第十七次全国代表大会上的报告［M］.北京：人民出版社，2007.

[15] 胡锦涛.坚定不移沿着中国特色社会主义道路前进，为全面建成小康社会而奋斗——在中国共产党第十八次全国代表大会上的报告［M］.北京：人民出版社，2012.

[16] 习近平.决胜全面建成小康社会，夺取新时代中国特色社会主义伟大胜利

［M］．北京：人民出版社，2017．

［17］习近平总书记系列重要讲话读本［M］．北京：学习出版社，人民出版社，2016．

［18］习近平谈治国理政：第三卷［M］．北京：外文出版社，2020．

［19］习近平谈治国理政：第四卷［M］．北京：外文出版社，2022．

［20］习近平总书记教育重要论述讲义［M］．北京：高等教育出版社，2020．

［21］习近平．在庆祝中国共产党成立100周年大会上的讲话［M］．北京：人民出版社，2021．

［22］中共中央关于党的百年奋斗重大成就和历史经验的决议［M］．北京：人民出版社，2021．

二、著作

［1］乔治·卢卡奇．历史与阶级意识［M］．杜章智，任立，燕宏远，译．北京：商务印书馆，1992．

［2］俞吾金．意识形态论［M］．北京：人民出版社，2009．

［3］奥托·纽曼．信息时代的美国梦［M］．北京：社会科学文献出版社，2002．

［4］塞缪尔·P. 亨廷顿．变化社会中的政治秩序［M］．北京：生活·读书·新知三联书店，1989．

［5］斯拉沃热·齐泽克．图绘意识形态［M］．方杰，译．南京：南京大学出版社，2006．

［6］诺顿．互联网：从神话到现实［M］．朱萍，等译．南京：江苏人民出版社，2001．

［7］汤普森．意识形态理论研究［M］．郭世平，等译．北京：社会科学文献出版社，2013．

［8］雷迅马．作为意识形态的现代化：社会科学与美国对第三世界政策［M］．牛可，译．北京：中央编译出版社，2003．

［9］丹尼尔·贝尔．意识形态的终结——五十年代的政治衰微之考察［M］．张国清，译．南京：江苏人民出版社，2001．

［10］大卫·麦克里兰．意识形态［M］．长春：吉林人民出版社，2005．

［11］理查德·斯皮内洛．铁笼，还是乌托邦——网络空间的道德与法律［M］．李

伦，等译．北京：北京大学出版社，2007．

[12] 詹姆斯·E. 凯茨，罗纳德·E. 莱斯．互联网使用的社会影响：上网、参与和互动［M］．郝芳，刘长江，译．北京：商务印书馆，2007．

[13] 张耀灿，郑永廷，吴潜涛，等．现代思想政治教育学［M］．北京：人民出版社，2006．

[14] 郑永廷．社会主义意识形态发展研究［M］．北京：人民出版社，2002．

[15] 郭明飞．网络发展和我国意识形态安全［M］．北京：中国社会科学出版社，2009．

[16] 蒯正明．中国共产党维护意识形态安全研究［M］．北京：中央文献出版社，2016．

[17] 王永贵，等．经济全球化与社会主义意识形态建设研究［M］．北京：人民出版社，2005．

[18] 张果．当代大学生意识形态安全教育研究［M］．北京：人民出版社，2015．

[19] 陈万柏．思想政治教育载体论［M］．武汉：湖北人民出版社，2003．

[20] 农华西．意识形态与核心价值体系建设［M］．长沙：湖南人民出版社，2007．

[21] 吴琦．意识形态与国家安全［M］．武汉：华中师范大学出版社，2011．

[22] 谢海光．互联网与思想政治教育工作概述［M］．上海：复旦大学出版社，2000．

[23] 隽鸿飞，郭艳君．文化与意识形态——论巩固马克思主义在意识形态领域的主导地位［M］．哈尔滨：黑龙江人民出版社，2016．

[24] 杨生平．论马克思主义的意识形态理论的形成和研究［M］．北京：首都师范大学出版社，1998．

[25] 杨永志，吴佩芬．互联网条件下维护我国意识形态安全研究［M］．天津：南开大学出版社，2015．

[26] 许国彬．经济全球化与思想政治教育［M］．广州：华南理工大学出版社，2006．

[27] 李玉环．高校意识形态教育若干问题研究［M］．天津：天津人民出版社，2008．

[28] 郑珠仙．国家意识形态安全与大学生社会主义核心价值观教育研究［M］．北京：人民出版社，2014．

[29] 汪国培．全球化视阈中的高校意识形态教育［M］．苏州：苏州大学出版社，2006．

[30] 曲士英,牛涛,陈宏伟,等.马克思主义意识形态与国家文化安全[M].杭州:浙江工商大学出版社,2013.

[31] 董汉忠.新时期意识形态工作的理论和实践[M].北京:红旗出版社,2007.

[32] 佘双好.新当代社会思潮对高校师生的影响及对策研究[M].北京:中央编译出版社,2013.

[33] 朱继东.新时代党的意识形态思想研究[M].北京:人民出版社,2018.

[34] 陈锡喜.意识形态:当代中国的理论和实践[M].北京:中国人民大学出版社,2018.

[35] 约翰·汤普森.意识形态与现代文化[M].高铦,译.上海:上海译林出版社,2005.

[36] 邓纯东.意识形态工作思想研究[M].北京:人民日报出版社,2019.

三、报纸

[1] 黄超,吴月.种好责任田 上好思政课[N].人民日报,2021-12-20(12).

[2] 光明日报评论员.思政课改革创新应深刻把握"八个相统一"[N].光明日报,2019-03-21(02).

[3] 陈宝生.用习近平新时代中国特色社会主义思想铸魂育人[N].人民日报,2019-04-23(09).

[4] 习近平主持召开学校思想政治理论课教师座谈会强调:用新时代中国特色社会主义思想铸魂育人,贯彻党的教育方针落实立德树人根本任务[N].人民日报,2019-03-19(01).

[5] 习近平.在庆祝改革开放40周年大会上的讲话[N].人民日报,2018-12-01(01).

[6] 张烁.用新时代中国特色社会主义思想铸魂育人 贯彻党的教育方针落实立德树人根本任务[N].人民日报,2019-03-19(01).

[7] 习近平.用海外乐于接受方式易于理解语言 努力做增信释疑凝心聚力桥梁纽带[N].人民日报,2015-05-22(03).

[8] 王庆环.抓牢意识形态工作领导权[N].光明日报,2017-01-19(04).

[9] 李彬彬.科学应对网络时代意识形态安全挑战(3)[N].学习时报,2017-01-12(03).

[10] 习近平在党的新闻舆论工作座谈会上强调：坚持正确方向创新方法手段，提高新闻舆论传播力引导力［N］．人民日报，2016－02－20（01）．

[11] 杨振武．把握对外传播的时代新要求［N］．人民日报，2015－07－01（07）．

[12] 罗仲尤．强化意识形态领导权的路径［N］．光明日报，2015－08－23（07）．

[13] 孙来斌．守牢党和国家意识形态工作的前沿阵地［N］．光明日报，2015－09－16（07）．

[14] 郑志文．激发全民族文化创造活力［N］．人民日报，2013－12－26（17）．

[15] 李树林．软实力与意识形态安全［N］．内蒙古日报，2013－11－15（03）．

[16] 王凌．完善高校意识形态教育工作机制［N］．光明日报，2016－07－30（03）．

[17] 人民日报评论员．牢牢把握意识形态工作主动权［N］．人民日报，2013－12－29（01）．

[18] 王金海．提高高校意识形态工作科学化水平［N］．人民日报，2016－12－02（07）．

[19] 姚桓．构建中国执政党理论的话语体系［N］．光明日报，2012－10－31（03）．

[20] 黄传新．深入把握意识形态吸引力和凝聚力的构成要素［N］．人民日报，2010－9－27（07）．

[21] 李后强．新媒体与社会主义核心价值体系建设［N］．光明日报，2012－03－05（03）．

[22] 卢克平．牢牢把握高校意识形态工作领导权［N］．人民日报，2015－04－20（07）．

[23] 胡一萌．高校意识形态工作应常态化［N］．光明日报，2014－09－05（02）．

[24] 杨晓慧．树立高校意识形态工作的文化自觉［N］．光明日报，016－06－28（14）．

[25] 姜虹．提升马克思主义对青年的影响力［N］．人民日报，2016－06－03（07）．

[26] 张雷声．加强高校意识形态阵地建设关键在教师［N］．光明日报，2015－02－13（03）．

[27] 王金平．筑牢高校意识形态阵地［N］．江西日报，2015－10－19（01）．

[28] 袁贵仁．社会主义意识形态的本质体现［N］．人民日报，2008－04－21（01）．

[29] 杜飞进．挺起新闻舆论工作的精神脊梁［N］．光明日报，2016－04－18（01）．

[30] 习近平在全国高校思想政治工作会议上强调：把思想政治工作贯穿教育教学全

过程 开创我国高等教育事业发展新局面［N］．人民日报，2016－12－09（01）．

［31］殷豆豆．维护意识形态安全的战略路径［N］．光明日报，2015－12－02（13）．

［32］赖海榕．中国梦需要国际话语［N］．学习时报，2013－12－17（02）．

［33］吴家庆，曾贤杰．大数据与意识形态安全［N］．光明日报，2015－10－14（13）．

四、期刊

［1］梅旭成，熊嘉鑫．新时代高校意识形态安全研究［J］．学校党建与思想教育，2022（2）．

［2］王永贵，廖鹏辉．新时代意识形态安全态势的变化向度与应对策略——深刻领会习近平关于意识形态安全重要论述的精髓要义［J］．理论探讨，2021（1）．

［3］韩强．坚定维护国家意识形态安全——对十九届五中全会重要精神的研究［J］．探索，2021（1）．

［4］汤苗苗，谭文轶．新媒体视域下大学生主流意识形态教育研究［J］．学校党建与思想教育，2021（18）．

［5］狄涛．牢牢抓住新时代学校思想政治理论课改革创新的纲 坚持不懈以习近平新时代中国特色社会主义思想铸魂育人［J］．思想教育研究，2020（3）．

［6］王子月．大学生意识形态教育的新媒体工作探析［J］．吉林省教育学院学报，2020（3）．

［7］姜长宝，任俊霞．大数据时代高校意识形态安全建设困境与破解路径［J］．黑龙江高教研究，2019（11）．

［8］郑嘉禹，粟迎春．社会主义意识形态凝聚力和引领力建设的三重维度［J］．理论导刊，2019（12）．

［9］张志丹．改革开放以来我国主流意识形态的创新［J］．马克思主义研究，2019（11）．

［10］宋福范．改革开放与社会主义意识形态建设的辩证发展逻辑［J］．人民论坛，2019（7）．

［11］蒲婉夏．浅议新媒体时代大学生意识形态教育［J］．文化创新比较研究，2018（8）．

[12] 段虹. 略论大数据分析与高校意识形态安全建设 [J]. 思想理论教育导刊, 2018 (11).

[13] 谭向阳. 高校意识形态安全文化生态建设的困境与路径 [J]. 学校党建与思想教育, 2018 (5).

[14] 郭明飞, 许海玉. 大数据背景下增强大学生主流意识形态认同的基本对策 [J]. 学习月刊, 2017 (8).

[15] 张春艳. "互联网+"背景下大学生主流意识形态认同研究 [J]. 湖北经济学院学报 (人文社会科学版), 2018 (1).

[16] 杨建锋. 新媒体语境下青年学生感性意识形态社会认同的引导机制建构 [J]. 内蒙古师范大学学报 (教育科学版), 2017 (1).

[17] 郑洁, 陈一樟. 网络环境下大学生主流意识形态认同现状与路径 [J]. 高校辅导员, 2017 (3).

[18] 马福运, 杨晓倩. "90后"大学生主流意识形态认同现状研究——基于河南省10所高校的调查 [J]. 思想教育研究, 2017 (11).

[19] 高芳放. 地方应用型本科高校主流意识形态认同研究 [J]. 学校党建与思想教育, 2016 (18).

[20] 冯培. 再论提升宣传思想教育吸引力的"时、度、效" [J]. 北京教育 (德育), 2016 (5).

[21] 郑元景. 大数据环境下我国意识形态安全风险与治理策略 [J]. 中国社会科学院研究生院学报, 2016 (5).

[22] 赵春丽, 陆丽琼, 张申悦. 思想政治理论课教师网络发声与高校意识形态安全 [J]. 北京教育 (德育), 2016 (12).

[23] 赵凤欣. 西方话语在高校传播的表现形态、特征及应对策略 [J]. 现代教育科学, 2016 (12).

[24] 钟志凌. 思想政治理论课教学应对历史虚无主义影响的策略研究 [J]. 思想理论教育, 2016 (12).

[25] 石本惠. 论中国社会主流意识形态的建构及其整合的功能 [J]. 社会主义研究, 2006 (6).

[26] 王永贵. 新时期我国社会主义意识形态建设的主要经验 [J]. 江汉论坛, 2007 (8).

[27] 于桂花，张士军. 微媒体背景下大学生主流意识形态认同教育的改进策略 [J]. 教育理论与实践，2017 (6).

[28] 刘德中. 信息网络化与党的思想文化和意识形态工作的新挑战 [J]. 马克思主义研究，2006 (8).

[29] 关丽兰. 新时期国家意识形态传播策略 [J]. 人民论坛，2011 (11 中).

[30] 杜仕菊. 在多元文化碰撞中把握社会主义意识形态 [J]. 理论探索，2007 (2).

[31] 吴爱邦，彭新东. 全球化背景下大学生社会主义意识形态教育问题及对策研究 [J]. 求实，2012 (1).

[32] 江圣. 意识形态结构与中国特色社会主义意识形态 [J]. 理论与改革，2007 (6).

[33] 孟浩明. 社会主义意识形态创新的价值原则与目标指向 [J]. 理论前沿，2007 (24).

[34] 郭丽萍. 论大学生新媒体素养对思想政治教育的影响 [J]. 国家教育行政学院学报，2012 (6).

[35] 陈勇，方蒸蒸. 高校社会主义核心价值观的意识形态凝聚力培育研究 [J]. 南京政治学院学报，2015 (4).

[36] 高地. "慕课"：高校思想政治教育面临的新挑战 [J]. 思想理论教育导刊，2015 (3).

[37] 邱世如. 我国国家意识形态建构简论 [J]. 中共四川省委党校学报，1999 (4).

[38] 刘瑞生. 新媒体传播转型视阈下的意识形态建构 [J]. 苏州大学学报，2011 (6).

[40] 陈石明. 增强我国社会主义意识形态吸引力和凝聚力的思考 [J]. 湖南社会科学，2010 (1).

[41] 顾洪英. 信息网络化条件下的社会主义意识形态建设 [J]. 求实，2009 (9).

[42] 夏建国. 论社会主义意识形态建设的根本问题 [J]. 武汉大学学报（人文科学版），2010 (2).

[43] 赵传珍. 自媒体时代大学生对主流意识形态认同存在的问题及原因探析 [J]. 黑龙江教师发展学院学报，2016 (6).

[44] 朱宗友. 全球化背景下高校思想政治教育面临的新挑战 [J]. 黑龙江教育（高教研究与评估），2006（7-8）.

[45] 梁红军. 兵团高校马克思主义理论队伍建设机制研究 [J]. 石河子大学学报（哲学社会科学版），2014（6）.

[46] 王廷龙. 金融危机背景下关于青年学生思想政治教育的若干思考 [J]. 法制与社会，2011（31）.

[47] 肖凤翔，贾金凤. 社会主义核心价值观融入学校教育的重要意义 [J]. 天津大学学报（社会科学版），2015（1）.

[48] 张敏，王志刚. 文化融合背景下我国主流意识形态安全的维护 [J]. 学校党建与思想教育，2015（10）.

[49] 周燕，王代月，高俊梅. 高校学习型学生党支部建设与政治理论学习 [J]. 北京教育（高教版），2011（7）.

[50] 梁永谦. 学生干部队伍在新时期新疆高校维稳中的作用——以抵御"三股势力"为视角 [J]. 兵团党校学报，2011（1）.

[51] 赵璐. 高校安全现状分析与管理对策研究 [J]. 教育教学论坛，2015（11）.

[52] 李艳艳. 如何看待当前网络意识形态安全的形势 [J]. 红旗文稿，2015（14）.

[53] 李艳艳. 当前历史虚无主义思潮的新特征 [J]. 思想教育研究，2015（7）.

[54] 杨嵘均. 论网络虚拟空间的意识形态安全治理策略 [J]. 马克思主义研究，2015（1）.

[55] 于洪军. 意识形态教育：思想政治教育的应有之义 [J]. 求实，2004（10）.

[56] 葛彦东. 掌握意识形态话语权初探 [J]. 思想理论教育导刊，2015（1）.

[57] 王必胜. 我国社会主义意识形态建设的大众视野 [J]. 社会主义研究，2010（2）.

[58] 乌尼日，翟长江. 大学生主流意识形态教育及对策探析 [J]. 广西民族大学学报（哲学社会科学版），2008（30）.

[59] 修宏方，冯德军. 当前大学生主流意识形态教育的若干思考 [J]. 思想政治教育研究，2010（2）.

[60] 黄明理. 社会主义意识形态吸引力制约因素的认识论分析 [J]. 齐鲁学刊，2010（2）.

[61] 祖嘉合. 试论社会主义意识形态与和谐社会建设的内在关联性 [J]. 思想教育

研究，2010（1）．

[62] 张乾元．牢牢掌握社会主义意识形态的发展方向［J］．高校理论战线，2009（9）．

[63] 郭建宁．关于社会主义意识形态建设的几点思考［J］．中共福建省委党校学报，2009（8）．

[64] 戴黍．网络传播的特征、问题与对策［J］．华南师范大学学报（社会科学版），2001（4）．

[65] 严耕，陆俊．关注网络信息的意识形态功能［J］．课程教育研究（学法教法研究），2016（5）．

[66] 陈锡喜．关于社会主义核心价值观教育贯穿高校思想政治理论课教学全过程的思考［J］．思想理论教育，2015（6）．

[67] 陈锡喜．重构社会主义意识形态话语体系的目标、原则和重点——以马克思主义中国化历史经验为视角的思考［J］．毛泽东邓小平理论研究，2011（11）．

[68] 严耕，陆俊．网络信息意识形态功能的社会影响［J］．红旗文稿，2008（20）．

[69] 张晓忠，张彦忠．因特网对我国思想文化意识形态的挑战及对策［J］．大庆社会科学，2001（1）．

[70] 张骥，方晓强．论网络文化对我国社会主义意识形态建设的影响［J］．求实，2009（2）．

[71] 孙元元，张振中．加强当代大学生主流意识形态教育探析［J］．学理论，2010（31）．

[72] 张晓忠．全球化条件下大学生思想道德及主流意识形态状况的调查［J］．南京航空航天大学学报（社会科学版），2008（1）．

[73] 王晓方．高校思想政治理论课对大学生主流意识形态认同的影响［J］．思想政治教育研究，2010（11）．

[74] 杨静娴．网络时代我国马克思主义意识形态的边缘化及维护［J］．理论月刊，2011（7）．

[75] 耿国华．维护社会主义意识形态安全的基本理念［J］．求索，2009（11）．

[76] 卜建华．中国网络民族主义的意识形态功能探析［J］．东岳论丛，2010（4）．

[77] 顾晓英．大学生主流意识形态认同研究［J］．湖北社会科学，2007（1）．

[78] 欧阳永忠．社会环境与校园文化对大学生主流意识形态的影响［J］．广西教育

学院学报,2011 (4).

[79] 胡振宇,金凌云. 意识形态安全视域下大学生核心价值观的培育 [J]. 党史文苑,2015 (10).

[80] 郑永扣. 作为政治信仰的意识形态 [J]. 河南社会科学,2010 (4).

[81] 张丽芬. 开放条件下社会主义意识形态的影响方式与传播途径 [J]. 理论月刊,2009 (9).

[82] 朱庆成,赵勇. 社会主义意识形态思想整合的路径选择 [J]. 理论前沿,2007 (21).

[83] 徐海波. 中国特色社会主义意识形态在"大众文化"中的转化研究 [J]. 社会主义研究,2007 (1).

[84] 许佃兵. 大学生意识形态认同生成机理与改进机制 [J]. 高校教育管理,2015 (6).

[85] 陈秋兰. 大学生传统节日文化内化认同与外化践行途径探析 [J]. 高校辅导员,2015 (5).

[86] 孙力杰. 关于主流意识形态对多元社会思潮主导机制的探索 [J]. 陕西社会主义学院学报,2015 (2).

[87] 刘春雪. 社会主义意识形态传播过程中受众的心理机制研究 [J]. 湖北社会科学,2009 (11).

[88] 代金平,王锦冰. 信息时代网络对社会主义核心价值体系的传播 [J]. 西南大学学报(社会科学版),2012 (2).

[89] HEATHERS. Public Opinion, Political Communication and the Internet [J]. Politics, 2002, 22 (1): 1-8.

[90] REPNIKOVA M. Thought Work Contested: Ideology and Jouranlism Education in China [J]. China Quarterly, 2017 (230).

[91] POACH T. The Twitter Opportunity [J]. Cement, 2010 (11): 40.

[92] CHOVCRI N. Introduction: Cyber politics in the International Relations [J]. International Political Science Review, 2000, 21 (3).

[93] DIAKOPOULOS N A. Characterizing Debate Performance via Aggregated Twitter Sentiment [J]. Conference on Human Factors in Computing System.

[94] MCILWAINE I C. High-Level Subject Access: Tools and Techniques in Internet Cat-

aloging [J]. Library Resources & Services, 2004, 48 (1): 82-83.

[95] ABERBACH J D, WALKER J L. Political Trust and Racial Ideology [J]. The American Political Science Review, 1970, 64 (4).

五、学位论文

[1] 贾傲桦. 新媒体时代大学生意识形态安全教育研究 [D]. 大连：大连理工大学，2021.

[2] 赵梦舒. 新媒体时代高校意识形态安全教育研究 [D]. 长沙：湖南师范大学，2020.

[3] 孙少春. 新媒体时代大学生意识形态安全教育的机遇、挑战与对策研究 [D]. 天津：天津大学，2020.

[4] 王雅婷. 新媒体时代大学生爱国主义教育研究 [D]. 上海：华东理工大学，2020.

[5] 王冰. 新媒体环境下大学生主流意识形态教育研究 [D]. 石家庄：河北经贸大学，2019.

[6] 郑未怡. 中国共产党意识形态认同研究 [D]. 北京：中共中央党校，2019.

[7] 陈丽荣. 自媒体时代大学生社会主义意识形态认同研究 [D]. 长沙：湖南师范大学，2019.

[8] 邹慧. 新媒体时代思想政治教育创新研究 [D]. 武汉：武汉理工大学，2018.

[9] 林玲. 新世纪大学生社会主义意识形态教育研究 [D]. 成都：电子科技大学，2017.

[10] 石庆新. 当代大学生政党认同研究 [D]. 武汉：中国地质大学（武汉），2017.

[11] 赵盼. 新媒体条件下我国大学生主流意识形态认同研究 [D]. 保定：河北大学，2017.

[12] 易刚. 社会主义核心价值观大众认同机理研究 [D]. 成都：西南交通大学，2017.

[13] 蔡泉水. 新媒体环境下我国主流意识形态安全研究 [D]. 南昌：南昌大学，2016.

[14] 刘昕. 大学生意识形态安全现状及对策研究 [D]. 太原：中北大学，2016.

[15] 李佳. 新时期高校意识形态安全问题及对策研究 [D]. 重庆：西南大学，

2016.

[16] 郭琪. 论新媒体对加强意识形态安全的作用与责任[D]. 宁波：宁波大学，2015.

[17] 白汇军. 我国意识形态安全视阈下当代大学生政治价值观问题研究[D]. 太原：太原理工大学，2015.

[18] 陈洪军. 新疆大学生当代主流意识形态认同研究[D]. 石河子：石河子大学，2015.

[19] 曹琪. 当代中国大学生意识形态安全教育研究——基于广告传播视角[D]. 北京：北方工业大学，2015.

[20] 吴迪. 互联网时代中国的意识形态安全研究[D]. 西安：陕西师范大学，2015.

[21] 孟祥萌. 高校思想政治教育网络话语权提升研究[D]. 北京：中国矿业大学（北京），2015.

[22] 张衍前. 网络时代执政党意识形态危机及对策研究[D]. 北京：中共中央党校，2015.

[23] 刘淑颖. 当代我国大学生意识形态安全教育研究[D]. 武汉：华中师范大学，2014.

[24] 王静. 当代西方社会思潮对大学生价值观的影响及对策研究[D]. 石家庄：河北师范大学，2014.

[25] 邹庆华. 提升当代社会主流意识形态认同度研究[D]. 哈尔滨：哈尔滨工程大学，2014.

[26] 高珊. 当代研究生主流意识形态认同研究[D]. 大连：辽宁师范大学，2014.

[27] 李娜. 境外宗教渗透与高校意识形态安全建设研究——基于广东的研究[D]. 广州：华南理工大学，2014.

[28] 胡文静. 微博对大学生思想政治教育的影响及对策[D]. 太原：山西财经大学，2014.

[29] 陈丽菁. 境外宗教渗透与我国意识形态安全维护研究[D]. 南京：南京师范大学，2013.

[30] 邓国林. 高校意识形态安全建设研究[D]. 苏州：苏州大学，2013.

[31] 季海菊. 新媒体时代高校思想政治教育研究[D]. 南京：南京师范大学，

2013.

[32] 杨洪泽. 当代大学生思想政治教育实效性研究 [D]. 长春: 东北师范大学, 2013.

[33] 夏白银. 微博时代大学生思想政治教育生活化研究 [D]. 重庆: 重庆交通大学, 2013.

[34] 倪敬丽. 网络时代大学生主流意识形态教育问题研究 [D]. 济南: 山东师范大学, 2013.

[35] 孙丹丹. 西方国家渗透下我国意识形态安全浅析 [D]. 开封: 河南大学, 2011.

[36] 张志辉. 网络条件下意识形态建设研究 [D]. 天津: 南开大学, 2010.

[37] 姜地忠. 当前我国主流意识形态认同问题研究——以维护社会秩序稳定为出发点 [D]. 长春: 吉林大学, 2009.

[38] 王勇军. 中国社会主义意识形态安全研究 [D]. 济南: 山东大学, 2007.

后　记

原以为，将博士学位论文出版为专著是一件非常简单的事情，只不过略作删减、调调格式而已。然而在博士毕业近四年后，当真正着手此项工作时我才发现，原来的想法太"天真"了，在刚刚过去的半年多时间里，本人为此花费了大量精力，概括地说，就是做了"加减法"。

首先说"做减法"。主要是删除了博士论文的一些过时数据相关的章节，时隔五年多，我国意识形态工作取得了显著成绩，我国高校学生意识形态认同情况有了很大改善，再沿用原来的数据不客观、不合理。此外，还更新了博士学位论文中的大量案例，因为近几年来，我国网络微媒体技术不断更新换代，博士学位论文案例的代表性、说服力大大不如当时。

其次是"做加法"。一方面，增加了"网络'微'时代我国高校学生意识形态认同的时代境遇"，较为全面地分析了网络微媒体给我国高校学生意识形态认同安全带来的机遇和挑战。另一方面，增加了2018年以来有关我国高校意识形态工作的新的中央文件精神、新案例和新数据，尤其增加了2018年以来高校等有关部门在微媒体建设方面取得的成果，使得专著时代感更强。

此时此刻，当交上书稿的时候，掩卷沉思，心情久久不能平静，真是百感交集，最想说的、最该说的是感恩、感激、感谢。

首先，我要感恩我的博士生导师刘海燕教授，张秀荣、申健、马海军等博士阶段的老师，以及我的硕士生导师刘增惠，感谢他们在撰写博士论文过程中给予的指导、鼓励和帮助，是他们帮我奠定了今天撰写此专著的基础。

其次，我要感激北京石油化工学院何晓红、戴波等领导老师，北京石油化工学院马克思主义学院全体教师对本专著出版的大力支持和帮助。

此外，我要感谢知识产权出版社的大力支持，尤其要感谢出版社贺小霞编辑的辛苦劳动和理解支持，本专著得以顺利出版，她的敬业和专业让我深受感动，整个合作非常愉快。

当然，由于受本人学术水平、理论深度、研究能力和研究时间等因素的影响，本专著难免存在疏漏和欠缺之处，还能进一步提高和完善。敬请各界专家、学者、同仁、朋友指正，也期待广大读者提出宝贵意见！

最后，再次向在此专著出版过程中所有关心、支持、信任、帮助我的人们致以最真诚的感谢和最美好的祝福！

2022 年 8 月于北京石油化工学院